陕西省教育厅重点项目（项目号：19JZ033）
本书由西安财经大学学术著作出版资助

装备制造业可持续成长性评价及发展路径研究
——以陕西省为例

The Research on Sustainable Growth Evaluation
and Development Path of Equipment
Manufacturing Industry
—— Taking Shaanxi Province as an Example

谭秀阁／著

经济管理出版社
ECONOMY & MANAGEMENT PUBLISHING HOUSE

图书在版编目（CIP）数据

装备制造业可持续成长性评价及发展路径研究：以陕西省为例/谭秀阁著. —北京：经济管理出版社，2021.2

ISBN 978-7-5096-7756-8

Ⅰ.①装…　Ⅱ.①谭…　Ⅲ.①装备制造业—可持续性发展—研究—陕西　Ⅳ.①F426.4

中国版本图书馆 CIP 数据核字（2021）第 031097 号

组稿编辑：范美琴

责任编辑：赵天宇

责任印制：黄章平

责任校对：王淑卿

出版发行：经济管理出版社

　　　　　（北京市海淀区北蜂窝 8 号中雅大厦 A 座 11 层　　100038）

网　　址：www. E-mp. com. cn

电　　话：（010）51915602

印　　刷：唐山昊达印刷有限公司

经　　销：新华书店

开　　本：720mm × 1000mm/16

印　　张：13.5

字　　数：205 千字

版　　次：2021 年 2 月第 1 版　　2021 年 2 月第 1 次印刷

书　　号：ISBN 978-7-5096-7756-8

定　　价：98.00 元

序　言

　　一直以来，装备制造业作为促进国民经济迅速发展、促进就业和产业发展的重要推动力量，在推动我国经济飞速发展、国际贸易迅速繁荣，保持就业率稳定等方面起到了不可替代的作用。在国家大力推动装备制造业发展，对装备制造业进行全国性规划布局之初，陕西省作为装备制造业发展的重点地区之一，在全国装备制造业中占有举足轻重的地位。陕西省装备制造业也为推动陕西省经济发展、提高当地就业率、提高人民生活水平等方面做出了巨大贡献。但改革开放后，陕西省装备制造业的发展速度有所放缓，尤其是在全国各地装备制造业蓬勃发展的背景下，陕西省装备制造业的发展速度与其原有的发展基础和发展规模不匹配，在全国的排名中逐渐落后。在进一步的发展过程中，陕西省装备制造业存在的结构特色不鲜明、新技术占比低、持续成长动力不足等问题越发明显。为此，相关学者开始对陕西省装备制造业竞争力、产业集聚竞争力、技术创新等方面展开研究，但有关陕西省装备制造业成长性评价的研究还比较少，而这恰恰是推动陕西省装备制造业可持续发展的关键。在这样的现实和理论背景下，基于陕西省装备制造业的发展现状，对陕西省装备制造业可持续成长性及影响因素进行实证分析，并对陕西省装备制造业创新性发展路径进行设计，显然是现实之需，更是与理论热点的呼应。

　　本书围绕着陕西省装备制造业可持续成长性评价及发展路径展开研究。从内容上看，全书共包括8章内容。前3章是全书的理论基础部分。

第 1 章通过选题背景、研究内容和研究思路的介绍为读者呈现全书研究的主要脉络，以保证读者对全书内容有一个通篇把握。第 2 章则在对现有相关文献梳理的基础上，找出研究的突破口。第 3 章对可持续发展理论、企业成长理论进行介绍，为陕西省装备制造业可持续成长性评价及发展路径设计奠定理论基础。

第二部分为全书的主体部分，第 4 章首先对陕西省制造业和装备制造业历史沿革分别进行梳理，从而对陕西省装备制造业的发展变化及其战略地位有个清晰认识。在此基础上，我们分别从陕西省装备制造业整体、七个细分行业、省内各地区装备制造业、装备制造业与其他产业的对比等方面对陕西省装备制造业发展现状进行分析。通过分析，陕西省装备制造业虽然近几年发展步伐有所放慢，但仍为陕西省经济发展的重要支柱。同时，也不可避免地存在着持续性发展动力不足、七个细分行业发展不平衡、省内各地市装备制造业差异显著等问题。为了对陕西省装备制造业发展情况有个更为清晰的定位，第 5 章基于内部和外部相结合的方式，选取产业增长、产业效率、产业关联、产业技术创新、可持续发展五个方面作为陕西省装备制造业可持续成长内部评价指标，借助数据包络分析法和熵值法相结合的方式，对陕西省装备制造业可持续成长性进行内部评价。在外部评价过程中，我们从自身发展系统、经济发展系统、科技发展系统三个方面选取 17 个具体指标，借助耦合协调度模型对陕西省装备制造业可持续成长性进行外部评价。在内部评价和外部评价加权的基础上，我们得到陕西省装备制造业可持续成长性的最终结果。我们发现，陕西省装备制造业七个细分行业可持续成长性差距较小，但交通运输设备制造业的可持续成长性最好，金属制品业的可持续成长性最差。

为了对陕西省装备制造业发展路径进行设计，第 6 章和第 7 章分别通过陕西省装备制造业可持续发展影响因素分析、国内外典型装备制造业发展经验确定陕西省装备制造业创新性发展的关键点和可供借鉴的措施。第 6 章借助数据包络分析和多元回归相结合的方式，对陕西省装备制造业可持续发展的影响因素进行研究。结论认为：陕西省装备制造业整体的上升空间比较大，但其粗放型发展方式还未彻底转变。七个细分行业的发展重点各有不同，金属制品业需要优化资源配置和投入产出规模，尤其是积极引进先进技术，促进相关成果转化。通用设备制造业在优化内部经营管理的同时，需要加快研发成果的转化运用。专用设备制造业需要进一步提高技术创新水平，提高市场竞争力。运输设备制造业、计算机通信和其他电子设备制造业、仪器仪表制造业需要提升在本地市场的竞争力，降低对外经济的依赖。电气机械和机器设备制造业在优化投入产出规模的同时，需要在提高利润率水平上下功夫。第 7 章分国内、国外两个方面，选取国内东部、中部、西部、长三角地区、东北老工业基地的典型地区装备制造业，国外美国、德国、日本的装备制造业，对先进发展经验进行梳理，并总结装备制造业的发展经验。最后，陕西省装备制造业应该在制定多层次目标的基础上，结合陕西省装备制造业自身发展特点，从争取和利用国家相关政策、提高自身质量、多方吸引人才、着力产业集聚和结构优化、分阶段走出去等方面采取措施，以促进陕西省装备制造业实现可持续发展。

本著作获得西安财经大学学术著作资助，同时得到陕西省教育厅重点项目（项目号：19JZ033）的支持。

目　录

| 第 1 章 |

导　论

1.1　选题背景和研究意义

1.1.1　选题背景

在当前全球竞争加剧的背景下，发达国家的产业结构已经向着服务业为主的后工业化时代迈进，而这种服务业比重过半的产业结构需要以第一、第二产业为坚实基础。因此，强大的工业，尤其是装备制造业成为重要支撑。装备制造业具有高技术含量、高产业关联性和强大的经济带动作用，从而能够为国民经济再生产提供所需技术装备和制造手段，对于省域，乃至全国经济具有非常明显的拉动作用，能够极大地影响国民经济发展水平。装备制造业的发展理应得到高度重视，其所具有的战略性作用也应得到强化。而当前现实情况是：我国装备制造业整体需要进一步提升。从国内情况看，各省的装备制造业发展情况也不尽相同。陕西省作为西部重要的经济省份，以及国家早期的重要工业基地之一，其装备制造业的发展历史相对悠久，对于陕西省产业结构调整、促进相关经济发展具有非常重要的作用，是陕西省重要的支柱产业。根据逐年统计的相关数据来看，前100强企业中装备制造业企业数量位居行业之首，陕西省装备制造业表现出了较快的增长态势，但是，根据相关文献研究结果的梳理，以及前期的研究调研来看，陕西省装备制造业逐渐暴露出一系列问题，比如盈利能力状况不佳、缺乏新的可持续的利润增长点，七大细分行业——金属制造业、通用设备制造业、交通运输设备制造业、专用设备制造业、电气机械及器材制造业、通信设备及其他电子设备制造业、仪器仪表及文化办公用机械制造业，这七个细分行业的发展差距明显且有进一步扩大趋势等，这些都是陕西省装备制造业进一步发展过程中需要解决的问题，如何实现创新性发展成为一大关键。

"一带一路"倡议的提出为国家经济发展注入了新活力，陕西地处西北地区东部，是西北地区重要的枢纽，也是"一带一路"沿线重要的省份。这一倡议的提出，毫无无疑地为陕西经济发展提供了千载难逢的发展机遇，同时为陕西省装备制造业的发展提供了更为广阔的空间。面临新的发展机遇和更为严峻的挑战，陕西省装备制造业如何实现创新性发展将是一个重要课题，而创新性发展路径的设计有赖于对陕西省装备制造业的发展现状进行全面了解，为此需要对陕西省装备制造业的成长性进行综合评价，并在对其成长性的关键影响因素加以确定的基础上，对陕西省装备制造业的创新性发展路径进行设计。

1.1.2 研究意义

装备制造业作为陕西经济的八大支柱产业之一，虽然仍保持较快增长速度，但不可避免地暴露出诸如盈利能力、发展方向等一系列问题。随着"一带一路"倡议的实施和深入开展，陕西省装备制造业迎来了新的发展机遇，也将面临新的挑战，在这样的背景下，我们围绕陕西省装备制造业可持续成长性和创新性发展路径设计研究，对社会经济发展和学科建设均具有不可估量的作用和重要的理论意义和现实意义。

（1）理论意义。

现有关于成长性的研究多是有关企业成长性的研究，关于产业成长性评价的研究还比较少，对装备制造业成长性评价的研究更是少之又少，因此，相关的指标设计和评价模型还不完善和成熟，我们结合相关研究，首次从内部和外部两个方面选取指标，不但考虑产业增长、产业效率、内部细分产业关联和技术创新对陕西省装备制造业可持续成长性的影响，还将陕西省装备制造业与环境的协调这一外部因素纳入评价模型。这种评价模型的尝试，可以为后续研究提供很好的借鉴意义，为后续的深入研究起到铺垫作用。

（2）现实意义。

装备制造业作为陕西省经济的重要支柱之一，目前已经具有相当的规模和产业链条。但根据前期初步统计显示，陕西省装备制造业逐渐暴露出一些问题。"一带一路"倡议为陕西省装备制造业提供了前所未有的机遇，也面临严峻挑战。在这样的背景下我们在对陕西省装备制造业优势和劣势进行分析的基础上，构建可持续成长性综合评价模型，对其成长性进行评价，并对其创新性发展路径进行设计。本书的研究不但对陕西省装备制造业，进而对陕西经济整体具有重大意义，而且对同类地区，乃至全国装备制造业的创新性发展具有重要的示范作用和借鉴意义。

1.2 研究目的与内容

1.2.1 研究目的

装备制造业是陕西省的八大支柱产业之一，对陕西经济整体的推动作用不可估量。通过课题的前期统计，虽然陕西装备制造业仍保持较快增长速度，但其盈利能力却有待提高。随着"一带一路"倡议的实施和深入，如何实现创新性发展，培育利润增长点，是促进陕西省装备制造业深入发展的关键。本书选择陕西省装备制造业可持续成长性评价和创新性发展路径设计为主题，根据可持续发展理论、可持续成长理论，综合运用多种研究方法，对陕西省装备制造业可持续成长性进行综合评价和创新性发展路径进行设计。本书期望通过对陕西省装备制造业自身发展现状的分析，明确陕西省装备制造业的优势和劣势，通过可持续成长性评价分析，明确陕西省装备制造业七个细分行业的发展程度及未来发展空间。同时，在陕西省装备制造业可持续成长性影响因素分析及国内外典型案例经验总结的基础上，对陕西省装备制造业未来发展路径进行设计。

1.2.2　研究内容

我们选取陕西省装备制造业为研究对象，对陕西省装备制造业的发展现状、成长性及影响因素进行综合评价，并在结合典型地区成功经验的基础上，对陕西省装备制造业的创新性发展路径进行设计。主要研究内容包含六个部分，具体如下：

（1）问题界定和文献梳理。

从文献梳理、实地调查研究入手，对相关研究资料进行归纳整理分析，从而对研究问题进行界定，并确定主要研究思路和研究方法。

（2）陕西省装备制造业现状分析。

从发展规模、盈利能力、生产效率、竞争力、能源利用等方面对陕西省装备制造业从整体和分行业的时序发展、相互对比进行分析，以及与其他产业的对比分析，从而实现对陕西装备制造业发展现状的全面研讨。同时，我们还将详细分析陕西省装备制造业面临的机遇和挑战，以确定陕西省装备制造业的优势和劣势，为后续创新性发展路径设计奠定初步基础。

（3）专业指标及指标体系的确定。

实证研究部分包含陕西省装备制造业成长性综合评价和成长性影响因素评价两个主要环节。为保证实证研究的顺利开展，在这两个主要环节我们将需要选取和确定大量的指标和指标体系。为此，我们将通过新闻报道、政策条款、相关文献的做法进行理论上的筛选，并通过调查问卷、实地调研、相关部门和人员访谈等方法进行实践上的筛选，最终确定恰当的指标和指标体系。

（4）构建可持续成长性评价模型。

如何把握"一带一路"倡议的机遇，有效应对其提出的挑战，设计合理有效的陕西省装备制造业创新性发展路径，需要首先对自身情况有个全面掌握，为此，对陕西省装备制造业的成长性进行评价，为实现这一目标我们提出可持续成长性综合评价模型。在对其可持续成长性进行综合评价前提下，我们将通过多重线性回归、DEA 和 Malmquist 指数等方法对陕西省装备制造业可持续成长的关键影响因素进行分析。

（5）国内典型地区的经验借鉴。

采用实地调研和访谈的方式，对国内典型地区装备制造业创新性发展的成功经验进行总结，并结合陕西省装备制造业发展现状、陕西省装备制造业可持续成长性评价结果和成长影响因素，总结和探讨对陕西省装备制造业发展的启示。

（6）创新性发展路径设计。

根据陕西省装备制造业自身优劣势及面临的机遇和挑战，确定实现创新性发展过程中的重点工作；根据陕西省与同类地区及自身七个细分行业的横向与纵向对比分析，确定陕西省装备制造业的功能定位、特色模式；根据可持续成长性综合评价模型的评价结果，确定实现陕西省装备制造业创新性发展的工作方向；根据可持续成长性关键影响因素分析和国内典型地区成功经验总结，确定实现陕西省装备制造业创新性发展的主要举措。根据这三个部分的综合分析，形成陕西省装备制造业创新性发展的整体思路，完成模式和路径设计。

1.3 研究思路和方法

1.3.1 研究思路

我们选取陕西省装备制造业为研究对象，围绕陕西省装备制造业可持续成长性及创新性发展路径设计进行研究。本书研究提出问题（研究背景分析、研究思路和方法确定、文献梳理）——分析问题（陕西省装备制造业的优劣势分析、可持续成长性评价及影响因素分析、成功经验及启示）——解决问题（创新性发展路径设计）的基本思路。

通过归纳总结、文献资料分析的方式我们找到问题研究的切入点，初步确定研究思路，这是本书前两章的主要内容，即提出问题。通过描述性统计分析、均值分析和超效率 DEA 法对陕西省装备制造业的优劣势进行详细分析，通过德尔菲法、比较分析法和信度与效度检验的方式分别从内部和外部选取恰当的指标体系，构建陕西省装备制造业可持续成长性综合评价模型；通过 DEA/AHP 法、熵值法、耦合协调度模型等方法对陕西省装备制造业可持续成长性进行包含内部和外部的综合评价，根据评价结果，结合多重线性回归、DEA 与 Malmquist 指数法对陕西省装备制造业可持续成长性的关键影响因素进行分析和确定；通过实地调研和访谈的方式对国内典型地区的成功经验和启示进行总结。这些是本书第 3章至第 7 章的主要内容，即分析问题。通过多学科交叉分析，基于课题的前期研究结果，对陕西省装备制造业创新性发展路径进行设计，并采用归纳演绎法对研究结论和进一步研究方向加以总结和展望，这是本书第 8 章的主要内容，即解决问题。

本书共包括 8 章内容，每章内容设置及所采用方法如图 1-1 所示：

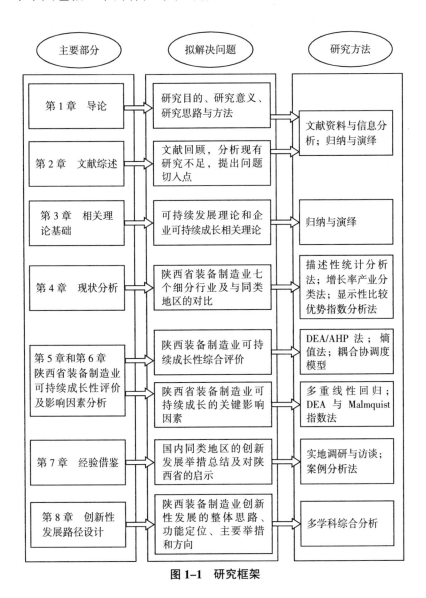

图 1-1　研究框架

1.3.2　研究方法

（1）静态分析与动态分析相结合。

在对陕西省装备制造业发展现状进行分析的过程中，采用了基于比较静态分析的陕西省装备制造业自身的比较分析、与同类地区的比较分析、在全国的排位分析等。在陕西装备制造业可持续成长性的影响因素的分析过程中，采用了基于动态分析法的面板模型。因此，本书的主体部分充分融合了静态分析和动态分析相结合的方法。

（2）定性分析与定量分析方法。

从发展现状、发展潜力方面对陕西省装备制造业的可持续成长性的特征进行分析，并初步得出结论。第5章和第6章对陕西省装备制造业可持续成长性及影响因素进行分析和研判。同时，借助数据包络分析法和计量工具，对陕西省装备制造业可持续成长性进行评价，并对影响因素进行实证检验。这种定性分析与定量分析相结合的方式，有助于分析结论的准确性和全面性。

第 2 章

文献综述

　　装备制造业对于省域经济乃至全国经济的拉动作用都是非常明显的，装备制造业的相关研究一直是学术界关注的热点。陕西省作为国家早期的重要工业基地之一，其装备制造业的发展历史相对悠久，目前已经具有相当的规模和良好的产业基础。根据逐年统计的相关数据来看，前100强企业中装备制造业企业数量位居行业之首。陕西省装备制造业表现出了较快的增长态势，但是，从相关文献研究结果的梳理以及课题前期研究的调研来看，陕西省装备制造业逐渐暴露出一些问题，比如盈利能力状况不佳、缺乏新的可持续的利润增长点、七大细分行业发展差距明显且有进一步扩大趋势等，这些都是陕西省装备制造业进一步发展过程中需要解决的问题，如何实现创新性发展成为一大关键。

　　"一带一路"倡议的提出为国家经济发展注入了新活力，陕西地处西北地区东部，是西北地区重要的枢纽，也是"一带一路"沿线重要的省份。"一带一路"倡议的提出无疑为陕西经济发展提供了千载难逢的机遇，同时为陕西省装备制造业的发展提供了更为广阔的空间。面临新的发展机遇和更为严峻的挑战，陕西省装备制造业如何实现创新性发展将是一个重要课题，而创新性发展路径的设计有赖于对陕西省装备制造业的全面了解，为此需要对面向"一带一路"的陕西省装备制造业的成长性进行综合评价，并对其关键影响因素加以确定。

　　综合以上几点，我们将在对陕西省装备制造业发展现状分析的基础上，对其的成长性进行评价，并确定关键影响因素，最终设计陕西省装备制造业创新性发展路径。通过现有文献的梳理，我们发现相关研究主要集中于以下几个方面。

2.1 有关成长性评价的研究

我们首先对有关成长性的研究文献进行了系统梳理，目前的相关文献多集中于企业成长性的研究，学者们多针对某一家企业或某一类型企业，选取相应数据进行相应的分析。这一方面的文献包含有关成长性定义、成长性影响因素、有关成长性评价方法方面的研究。

2.1.1 有关成长性定义的研究

对有关成长性的相关研究成果进行追溯，最早的成果可以追溯至劳动分工的理论，该理论是由 Smith（1776）在其伟大著作——《富国论》中首次提及的。有关该理论，他在该著作中明确指出，企业获得经济利益的方式是通过分工的方式减少成本来实现的。这是迄今为止理论界所收集到的有关企业成长理论最早的论述。以 Smith 的观点为基础，Marshal（1890）延续性地提出了生物学和企业成长进行联系的观点。同样地，Coase（1937）则是以此为基础，提出将交易费用理论与企业成长理论相联系。随着理论研究的深入，现代成长理论逐渐摆脱传统观点的束缚，将企业各项能力的全面提升作为研究重点。陈泽聪和吴建芳（2002）则从市场竞争角度分析，认为成长性是指企业面对激烈市场竞争的生存发展能力。李秀芹、林建华和高成亮（2009）将企业的成长性定义为一种状态并且强调这种状态主要体现为：企业在持续生产经营过程中能够通过不断提高其拥有的生产要素经营质量的方式，来实现扩大规模、增强经济效益的能力和状态。与此相类似的是周志丹（2010）在其研究中的定义，他将企业成长性定义为一种过程。他认为企业的成长性应体现为一段较长的经营时期内，逐渐从小企业发展到大企业，实力由弱到强的发展过程。随后的研究中，李角奇（2011）和卢相君（2011）则将企业成长性定义为一种能力，他们都认为企业成长性为企业可持续发展能力。周霞和宋清（2014）则将企业成长界定为企业由量变到质变的一种能力。王静、马然和宁卓妍（2020）将企业成长性定义为：企业在结合外部有利于发展的因素基础上，充分利用自身能力，达到自身内部的（如企业自身文化以及制度等）发展和规模扩张，进而实现企业核心竞争力的提高。也就是说，企业的成长要体现为企业"质"和"量"的同时发展，并且这两者是相辅相成、相互促进的。

2.1.2　有关成长性影响因素的研究

相关研究包含对单一影响因素（Delmar，Davidsson and Gartner，2003；Fisman and Svensson，2007；Vanhaverbeke，Gilsing and Beerkens，2009）的研究和多因素分析。比较常见单一影响因素包括知识资源（Audretsch and Dohse，2007；温超，2011）、企业网络规模（Vanhaverbeke，Gilsing and Beerkens，2009）、技术创新（Allan Li，2006；Wagner and Cockburn，2010；陈力田、赵晓庆和魏致善，2012；陈晓红和马洪烈，2012）、风险投资（Kakati，2003；Bruton，2010；Cressy and Farag，2014）、道德风险（Anderson，2011）、财务杠杆（吕长江等，2006）、高级管理者特征（徐经长和王胜海，2010）、控股股东累计减持（王建文和何雪婷，2014）、企业战略类型（生奕芳，2011）等。

除此之外，Ghosh（2001）、Franco 和 Haase（2010）、张同建和蒲勇健（2011）、卢相君和王静（2011）、张西征（2013）、缪大喜（2018）、吴应宇（2015）、Fursov 等（2015）都是多因素分析的典型代表。吴应宇从财务角度选取了市场占有率、营业收入、主营业务增长率、净资产增长率、净利润增长率、资产负债率等指标，构成评价指标体系；Fursov 等则从非财务角度，选取了企业家素质、企业成长战略、学习能力、管理能力、创新能力等指标，构成指标体系对企业成长性进行评价。

李竹梅和范莉莉（2020），宋丽平和相郁（2020）则是选取两个重点因素，对其与企业成长性的关系进行实证检验的典型代表。李竹梅和范莉莉（2020）基于生命周期理论，通过建立面板数据模型的方式，对高技术行业上市企业的财务柔性、研发投入与企业成长性的关系进行了实证检验。实证检验结论得出这样的关系：高技术行业企业的成长性与其财务柔性呈现倒"U"型关系，但其与企业研发投入表现为非线性关系。两者的关系表现为，企业研发投入强度达到第一门槛值时，研发投入对企业成长的正向促进作用得以体现；企业研发投入强度超过第二门槛值时，研发投入对企业成长的作用变得不明显。宋丽平和相郁（2020）通过构建 SEM 模型，采用因子分析法的方式实证检验了科技型企业控制权配置对企业成长性的影响。结论指出股权结构和股权激励对企业成长性均具有正向促进作用，而研发投入在这一影响过程中起到中介作用。许芳和余国新（2018）的研究角度与其他文献有所不同，他通过相关性分析找到企业成长性的阻碍因素，提出债务融资和成长性呈负相关关系，并且不良的金融环境或是监管部门政策的变化都会加剧债务融资对成长性的这种负面影响。

2.1.3　有关成长性评价方法的研究

随着理论研究的深入和研究角度多样化，评价方法也逐渐丰富，如因子分析法（李延喜等，2006；Park and Jang，2009；杨高武和杜丽，2013；张洁，2015；陈爱成，2015）、回归分析法（岑成德，2002；Coad and Rao，2008）、统计分析法（Zhai et al.，2007）、层次分析法（吴建荣等，2014）、贝叶斯面板数据法（Cefisa et al.，2007）、聚类分析（Kakati，2003）、主成分分析法（慕静等，2005）、灰色关联分析法（崔璐和钟书华，2011）、DEA/AHP 法（袁晓玲等，2013）、BP 神经网络（金惠红，2014；许彦和刘群，2016）等。还有部分学者将两种以上的方法相结合，如沈嘉墨和文辉（2002）综合选择灰色系统和人工神经网络；陈晓红等（2006）利用灰色关联度法与突变级数法两种方法相结合的方式；王朝勇、唐亮和张显峰（2013）及行金玲和王一萌（2020）同样选择突变级数法进行研究，不同的是，他们选择突变级数法与熵值法相结合的方式；崔璐和钟书华（2011）将层次分析法和灰色分析法相结合；张琼芝（2013）有效地结合了因子分析法和回归分析法。王志瑛和侯亭羽（2020）采用主成分分析法，通过 SPSS 软件，对山西省 44 家高新技术企业的成长性进行了评价分析，并依据成长性评价得分将企业进行排名，通过进一步分析找到企业成长性的影响因素。

在评价指标的选取过程中，学者们也是根据自身研究主题和研究侧重点，有针对性地选取指标或指标体系，建立指标体系或评价模型，结合相应的方法和数据进行了成长性评价研究。这方面的典型文献包括李延喜等（2006）分别基于企业营利能力、营运能力、偿债能力等 5 个方面选取了共计 16 个具体的定量财务指标，从而构建成长性评价模型，对企业成长性进行的评价。同时，Phillips 和 Damon（2009）选取多角度指标，包括资本规模、业务流程、周边环境和营销策略等方面。作者根据构建的指标体系，结合相关数据对日本高科技企业进行了相应的研究。Campello 等（2010）通过对相关研究文献总结的方式，尝试着构建了包含主营业务收入、资产增长、员工规模、管理水平和市场占有五个方面对应指标的新的综合评价指标体系，但仅限于对指标体系的建立和理论探讨，没有能够将其付诸运用，进行相应的研究。陈爱成（2015）选取和构建了包含人力资源、创新能力和财务经营能力三个维度的指标，构建指标体系。李鸿渐等（2013）也在其研究中选取了相似指标。曾凡付等（2016）从宏观的角度，从资本扩张、风险抵抗和生产销售三方面选取指标，以此构建指标体系，对企业成长性进行分析。

2.2　有关装备制造业成长性评价的研究

国内外专门针对装备制造业成长性评价的文献并不多见，并且某些研究仅仅是对装备制造业的某一方面如竞争力、技术效率等进行了评价，或者是以制造业企业、工业企业为对象展开的研究。综合来看，相关研究文献包含定性分析为主和定量分析为主的研究的两个方面。

2.2.1　定性分析为主的评价研究

朱森（2001）通过定性分析的方式对我国装备制造业进行了研究，通过对其市场应变能力、产业结构合理性、企业组织结构合理性、创新能力等方面的分析，对我国装备制造业进行了成长性评价。胡春力（2002），赵红和王玲（2013）从技术、工艺、服务等方面对我国装备制造业进行成长性的定性分析。胡春力（2002）认为我国装备制造业与世界先进水平相比，制造加工水平以及自主开发能力两方面还存在较大差距。綦良群等（2008），赵红和王玲（2013）则认为产业链的相对落后是影响中国装备制造业成长性的主要因素。崔万田（2004）以一个全新视角，将区域分析与行业分析相结合，根据各自特点进行相应的分析评价。千庆兰（2005）从区位优势的角度，结合价值链理论，从整体格局变动情况对我国装备制造业的成长性进行了评价。唐格（2009）主要从影响核心竞争力的各种因素和装备制造业产业特性两个大的方面对我国装备制造业成长性进行了定性分析。刘洪民和杨艳东（2014）及刘伯超（2015）利用微笑曲线价值链，通过中国制造业与生产性服务业融合情况的考察，对我国装备制造业成长性进行了定性评价，结果认为目前我国装备制造业仍处于价值链的中低端。

2.2.2　定量分析为主的评价研究

李相银（2003），孙慧和王玉（2004），徐本双和原毅军（2005），颜毓洁和吴念（2013），刘丁有等（2016）从竞争力的角度，分别构建分析框架对我国装备制造业成长性进行了评价。张洋和刘春芝（2006）通过国内不同地区装备制造业对比评价的方式对辽宁省装备制造业的成长性进行了间接评价。刘川和全裕吉（2010）主要从出口方面，运用主成分分析法对中国装备制造业出口成长性进行了研究。韩晶（2010），曹燕（2011）分别从效率和盈利能力方面对装备制造业成长性进行了分析。高淑兰（2017）采用数据包络分析法，从创新能力方面对装备制造业成长性进行了评价。杨义蛟、尹望吾和谭青（2008）选取指标体系，构建了装备制造业可持续发展综合评价模型，综合运用模糊综合评价和层次分析两种方法，对我国装备制造业进行了评价研究。韩凤晶和石春生（2010），王灵（2012）以我国高端装备制造业上市公司为研究对象，进行了成长性评价研究。他们通过问卷调查和访谈的形式，分别构建相应的指标体系，从持续竞争优势的角度对我国高端装备制造业进行了研究。王素君和马银戌（2013）以集群度理论为基础展开研究，选取区位熵指数法并结合相应的数据，对河北省装备制造业成长性进行了评价研究。在文献中作者得出结论：河北省装备制造业在所研究区间（2005~2012年），区位熵指数由 0.4392 增长到了 0.5767。这一结果说明河北省装备制造业的成长性与其他发达省份间存在差距，笔者同时通过与发达省份的比较找出了河北省装备制造业成长落后的原因。毛加强等（2014）同样从集群度角度出发进行研究，他们对陕西省装备制造业进行了评价研究。研究不同之处在于，他们在研究中主要侧重了陕西省装备制造业内部七大细分行业的比较。李富（2015）则基于产业安全性视角，运用数据包络分析方法，对我国装备制造业进行了间接评价。辛英男（2015）运用主成分分析法构建企业成长性指数，对制造业小微企业成长性进行了评价，并对其成长性影响因素加以分析。周勇和吴海珍（2017）采用DEA/AHP 法对陕西省装备制造业成长性进行了评价。孙军娜、雷宏振和兰娟丽（2016）从产业集群竞争力视角，采用区位商方法对陕西省装备制造业进行了评价研究。

2.3 有关装备制造业发展路径的研究

在有关装备制造业的相关研究中，学者们都对我国装备制造业的进一步发展提出了或多或少的建议。部分学者注重于某一方面进行分析，进而提出某一因素或角度是装备制造业进一步发展的主要方向或动力，如提升装备制造业竞争力（张青山，2004；程竹生，2004；耿立民，2006；邓锐，2007；陶良虎和张翼，2007；刘海波，2016；李可欣和王高亮，2018），加强对外开放、走出去（綦良群等，2008；赵志豪，2012；赖伟民，2012；赵红和王玲，2013；刘洪民和杨艳东，2014；刘伯超，2015），提高自主创新能力（张保胜，2007；姜绍华，2007；陆燕荪，2007；卜伟和王稼琼，2008；张国宝，2008；徐雷，2010；胡静寅、姚莉和万永坤，2011；段婕等，2012；裴旭东和屈军涛，2012；段婕和陈江龙，2013；孙士涵，2013；李羚，2015；张文杰，2016；孙小燕，2016；焦智博，2018），优化装备制造业产业结构链（柴国荣等，2009；徐剑等，2010；刘志彪，2011；吕洁印等，2018），整合资源、实现资源的优化配置（姚慧琴，2004；徐剑等，2010；马忠民和温倩倩，2016），军民产学研协同创新（王亚玲，2017），合理布局（万杰和耿丽，2018）等方面。

部分学者则通过研究认为装备制造业进一步发展需要多方面因素共同作用，因此，多措并举是有效路径，如岳玉珠和付亚莲（2005）对沈阳装备制造业进行研究，认为产业链整合，调整产业组织结构，培育核

心竞争力等是沈阳装备制造业进一步发展的关键。赵玉林和徐娟娟
（2009）综合运用系统内生经济增长理论和企业成长理论，结合 SEM 法对
装备制造业产业成长的路径进行了实证检验，并认为多措并举是实现进
一步发展的关键。嘉蓉梅（2012）运用偏离份额模型对以四川省为代表
的西南地区装备制造业进行了研究。结果认为，在进一步发展过程中，
西南地区装备制造业七个细分行业的产业结构、竞争能力和资源配置都
需要采取相应的措施。桂黄宝（2012）则综合考虑了内外部因素，从自
主创新、政策推动、需求拉动和市场竞争四个方面进行了剖析。张立伟
（2014）对以内蒙古为代表的华北地区装备制造业的可持续发展问题进行
了深入研究，认为华北地区装备制造业的深入发展需要全方位的革新和
优化。李文浩等（2017）结合欧美国家再工业化的背景，对陕西省装备
制造业创新性发展措施进行了探讨。张迎新等（2017）则主要从国家战
略布局的角度加以分析，阐述了国家布局政策对装备制造业发展的影响。

2.4　总结与简评

　　装备制造业是省域经济，乃至全国经济的重要支柱之一。在当前新
的经济环境下探寻装备制造业创新性的发展路径意义重大，这就需要对
装备制造业的成长性进行综合评价。根据所收集的文献来看，当前的研
究呈现以下几点：

　　第一，现有的相关研究中学者从多个角度进行了有益探索，为后人
的研究和思路拓展提供了很好的参考和有益的借鉴，对相关理论发展和
研究方法的丰富起到了不可磨灭的作用。

　　第二，纵观国内外研究进展，关于成长性的研究国外研究起步较早，
成果也相对较多，但关于装备制造业成长性评价的研究，国外研究还不

多见，国内的研究也是比较少的。

第三，在现有的研究中，学者基于不同假设，结合相关数据，从多角度进行研究，尽管在某些问题上没能达成一致意见，但得出了很多有益结论。

诸多学者为后来相关研究的开展拓展了视野和思路，提供了很好的借鉴。但也存在着可以深入和拓展的方面。首先，当前有关装备制造业成长性定量评价的研究比较少，对相关指标和指标体系的选择上还处于不断摸索和尝试的状态。而装备制造业可持续成长性的正确评价有助于对装备制造业发展程度有个清晰认识，是制定其进一步发展措施的关键基础。其次，当前针对区域性装备制造业成长性评价的研究中缺乏对细分行业的深入对比分析，同时，在发展路径设计中往往是笼统的针对装备制造业整体进行对策建议的提出。而根据课题前期初步统计来看，陕西省装备制造业七个细分行业的发展情况存在很大差异。

因此，本书将全面考虑以上提到的这几点，在对陕西省装备制造业七个细分行业相互对比及省内市县装备制造业对比分析的基础上，对其成长性进行综合评价以及影响因素进行实证检验，并结合典型地区的成功经验，设计陕西省装备制造业创新性发展路径。

第 3 章

陕西省装备制造业可持续成长的
理论基础

本章将在第 1 章的研究背景和研究意义以及第 2 章相关文献梳理的基础上，对可持续发展理论、可持续成长理论分别进行阐释，以便为后面的陕西省装备制造业可持续成长性评价及创新性发展路径的研究奠定基础。可持续发展理论与可持续成长理论非常容易混淆，也经常被混用。可持续发展的内涵和外延相对更大一些，理论更为宏观，而可持续成长相对较微观。

3.1　可持续发展理论

3.1.1　理论简介

可持续发展观是随着人类社会进步和经济增长导致各种环境问题凸显而萌芽，并伴随相关理论的发展而发展的。西方学者对经济与生态系统的关系研究，主要经历了无限增长理论、增长极限论和可持续发展理论。有关可持续发展概念被明确具体提出是在 1972 年联合国于斯德哥尔摩举办的研讨会上，这也是可持续发展概念被首次提出，并且在当时的可持续发展概念中明确了共同、公平、高效、协调发展是其最终目的。

自从可持续发展概念被首次提出以后，很多学者和机构对可持续发展的内涵进行了界定。最具代表性的分别为以自然属性、社会属性和技术属性提出的相关概念。以自然属性为基础的可持续发展内涵是由国际生态学联合会（INTECOL）和国际生物科学联合会（IUBS）联合提出的。以社会属性为基础的可持续发展内涵是国际自然与自然资源保护同盟（IUCN）、联合国环境规划署（UNEP）和世界自然基金会（WWF）联合提出。基于技术角度的可持续发展内涵则是部分学者在其研究中明确的。基于自然属性的可持续发展观认为：可持续发展是自然界对环境系统的保护，能够对其生产和更新能力予以加强，最终形成完整、文明、支撑人类生存环境可持续发展的最佳生态系统。基于社会属性的可持续发展观是以上机构在《保护地球：可持续生存战略》中提出的，该发展观认为：可持续发展指的是能够满足环境承载力，并足以支撑人类生活质量提高的一种发展。部分学者基于技术角度提出的可持续发展内涵认为：可持续发展应该能体现一种同等条件下减少资源消耗且产生极少废料的良好模式。有关可持续发展最为广泛和普遍认可的定义是在1987年长篇专题报告——《我们的未来》中提出的。在该报告中，可持续发展被做了最为广泛和全面的定义，该定义主要基于经济、环境和社会三个层面：可持续发展应该体现在既满足当代人需要，又不损害后代人对资源需求的一种发展方式。

在可持续发展的该内涵被明确提出之后，随着学者对此研究的增多，理论界逐渐加深了对可持续发展的理解和运用，尤其是对可持续发展概念中"可持续"的界定。根据可持续发展的最为广泛的定义，可持续发展中的可持续同时包括经济的可持续、社会的可持续和环境的可持续，并且这三个方面是相辅相成的。经济的可持续指的是保护自然环境和资源倡导的前提下，经济能够获得最大净利益。环境的可持续指的是在保证经济发展和社会进步的前提下，对环境不造成伤害并能够实现持续保护的情况下，使环境能够为整体发展提供所需资源。社会的可持续指的是在环境和资源可承受范围内，使人们生活品质得到提升并能够得到应有的社会保障。人类的进步、社会的发展一定离不开经济、社会、环境这三个主要方面，在此过程中可持续发展理念力求经济发展、社会公平、资源和环境可承受。经济发展是实现社会公平、资源环境可持续的重要手段和持续动力，社会公平是人类社会发展的最高目标，资源与环境是人类日常生活中生存和发展所必需的物质基础与生存空间。这三个维度的可持续是缺一不可、相互融合的重要方面。总的来说，在这三个维度可持续倡导下，可持续发展能够既满足当代人需求，又不对后代人构成伤害。

3.1.2　理论的适用性

通过以上理论阐释可知，可持续发展的核心是协调发展，即实现人口、资源和环境、经济、社会发展的相互协调、相辅相成，强化人类主体作用，以科技和经济发展为动力，推动经济发展、社会进步，最终形成完整的可持续发展系统。陕西省装备制造业可持续发展是推动陕西省装备制造业创新性发展，实现可持续成长的重要途径。借鉴可持续发展理念，我们提出陕西省装备制造业可持续发展，即采取自主创新、产业优化等措施，推动陕西省装备制造业实现全面协调可持续发展。它有三个基本特征：

第一，体现"自主创新"的思想，陕西省装备制造业的可持续发展基本前提是推动创新式协调发展。没有创新，陕西省装备制造业难以突破现有障碍，实现飞跃式成长。当然，除了自主创新之外，还需要其他各项措施的配合，需要得到相关部门的支持。

第二，强调陕西省装备制造业发展的协调性。这一协调性包含两个层面。从产业层面来说，可持续发展是自身、其他相关产业、自身的七个细分行业之间的协调发展，共同提升。也就是说在陕西省装备制造业可持续发展过程中不但要考虑自身质量的提升，还要注重所包含的七个细分行业的发展，行业间的相互影响和协调，以及陕西省装备制造业与其他相关产业的协调。从环境层面来说，陕西省装备制造业在发展过程中，还要注意环境的可持续，提倡绿色环保理念，既要通过先进技术，实现飞跃式发展，同时又不至于给环境造成更多地伤害，实现产业发展与环境相协调。

第三，强调陕西省装备制造业发展的可持续性。可持续发展理论强调财富分配和资源耗用的时空公平，能够实现当代人和后代人利益的统一。那么，陕西省装备制造业的可持续发展也应该放眼全局，而非只顾眼前的发展。因此，为促使陕西省装备制造业发展而采取的各项措施应该具有长远性，在提升自我的过程中也要注意各项措施的阶段性和递进性。

3.2　可持续成长理论

3.2.1　理论简介

目前关于可持续成长理论的阐释多是基于企业这一微观层面。企业可持续成长是伴随着可持续发展概念的提出而提出的，属于管理学概念范畴。企业是产业中最有生命力、最重要的组成，且产业的可持续成长以企业的可持续成长为基础。鉴于此，我们将在阐释企业可持续成长理论的基础上，对产业可持续成长理论和理论适用性进行阐释。国外成熟的经济理论都有包含对企业可持续成长理论的分析，比较典型的各流派及观点包括：

（1）以古典和新古典经济学为基础的企业成长观。

我们当前有关企业成长问题的研究是从古典经济学代表性学者有关

分工的理论，他通过分工带来经济利益这一理论阐释，对企业成长问题进行了最好的解释。此后，亚当·斯密、马歇尔和斯蒂格利茨相继对企业成长问题提出过自己的观点。亚当·斯密将获取规模经济利益作为企业存在的理由，并指出企业实质为一种分工组织。也正是从这一角度出发，有理由认为，企业的成长是随着企业分工的程度呈正向变动关系的。著名经济学家马歇尔在对企业成长理论与稳定均衡条件进行分析过程中，发现两者是不相融合、存在明显矛盾的，这种矛盾主要体现为：随着企业规模的扩大，企业的灵活性会随之逐渐降低，这将导致企业竞争力的减弱。在这种情况下，企业成长的负面效应会有所增强，甚至最终会超过其企业成长的正面效应，从而导致最终出现的企业成长势头减弱，甚至消失的结果。当然，在此过程中，企业家的精力和寿命也是一种有限的资源，这种有限资源会随着企业成长而慢慢表现为企业进一步成长的阻碍因素。此时，新企业和企业家的进入，将会对原有企业的垄断地位构成挑战，并进而对其原本的行业垄断结构维持产生制约作用。实际上，这是迄今为止有关企业成长的可持续性问题的最早阐释，但遗憾的是，马歇尔的这一系列分析最终没能给我们一个满意的答案。以产业寿命周期为基础理论，斯蒂格利茨对企业成长的一般规律进行了分析。他在其研究中明确提出：在产业形成早期，企业的成长主要是通过企业内部分工方式来实现的。在此阶段，企业多数为全能型企业。在后期，伴随着产业的扩大，企业的专业化程度是逐渐提高的。因此，这一阶段的企业规模会逐渐随之扩大，进而企业会体现为持续成长。

（2）以资源基础观为基础的企业可持续成长理论。

这一理论主要是发端于西方管理学理论，该理论的首次提出者为Edith Penrose（1959），她在其著作——《企业成长理论》中第一次系统完整提出企业成长理论。该著作是管理学界经典理论著作之一，堪称联结经济学和管理学的桥梁之一。在她的研究中，她将单个企业作为研究对象，着重从理论上分析了单个企业的全面成长过程。同时，她还基于企业资源和能力，对这种资源和能力对企业成长的影响进行了重点分析，并在此基础上构建了融合企业资源—企业能力—企业成长的"资源基础观"的分析框架。有关这一理论和框架的要点主要包括以下几方面：

第一，企业的成长实际上体现为企业资源和企业管理能力交互作用的一个动态过程。在该理论中，企业被认为是建立在一个管理框架内的各种资源的集合体。与此相对应，企业的成长主要取决于是否对现有各种资源进行了有效利用。这种有效利用资源的能力很大程度上取决于企业的管理能力和经验。沿着这一分析逻辑，企业的人力资源将体现为双重作用，这一双重作用表现为：人力资源既有可能成为企业成长的引致性因素，又有可能成为企业成长的限制性因素。在企业的成长是通过完全、充分利用现有资源的方式来实现的情况下，企业的更多管理能力将得以充分释放。同时，企业还可能拥有新的未被利用的资源，这将进一步推动企业新的成长。良好有序的企业成长模式应该是这样一种循环往复的过程。管理能力便成为这一企业成长过程中能够不断挖掘未利用资源的主要动能，由此，管理能力便被看作企业成长速度的决定性因素。当企业表现为成长过快，且成长速度远超过企业原有的管理能力积累和企业特定知识获取速度时，企业对资源的利用效率会受到极大影响，并进而导致企业成长陷入停滞状态。企业也正是通过这样一种不平衡的资源条件下寻求内部资源平衡和利用的过程，达到自身成长的目的。因此，我们有理由认为，企业成长表现为一个持续不断的过程。

第二，企业特定资源所产生的超额能力是一家企业成长的动力。一家企业的资源往往包括重要的有形资产和无形资源。一定程度上，企业的无形资源相对来说更为重要，主要是因为无形资源的不可分割性能够对企业超额能力的产生起到激发作用。企业正是通过促使这种超额能力的发挥来最终促使企业自身实现成长，这也便成为企业成长的重要原动力。

第三，持续竞争优势的激发能力是促使企业多元化成长的重要因素。当前的一些大企业往往具有专业化制造领域积累起来的技术知识和能力，因此，这样的大企业往往能够实现多元化成长和扩张。这些技术知识和能力往往需要企业在一个长期成长过程中通过各种各样的隐含方式来积累并沉淀的。在这个积累过程中，这些技术知识和能力一方面实现不断演进，另一方面也决定了企业成长的路径和方向。这个过程特别强调了创新能力对于其余方面成长的重要作用，源于熊彼特的影响，我们很容易得出组织创新和产品创新全部为企业成长的重要推动因素。原因在于善于创新的企业往往能够发现潜在成长机会并善加利用。

随着这一理论的不断丰富和完善，在著名的经典论文——《企业资源基础论》发表之后，企业成长的资源基础论学派随之确立。这一理论的核心观点主要可以总结为：企业可以看作是一系列资源束组成的集合。在这些资源中，最为重要的是异质性资源，它是决定企业竞争优势的关键因素。尽管决定企业竞争优势的因素还有很多，比如外部的市场机会、市场结构等，但这些因素并不能够成为企业竞争优势的决定性因素。这一理论认为企业将通过不断的变革、创新，强化管理等诸多方式来达到企业资源的积累与整合，并进而促进企业资源增值，推动企业自身持续成长。该理论将这一过程定义为企业持续成长过程，也成为该持续成长理论的核心。这一流派关于企业成长理论非常生动地阐释了企业成长与资源、创新的互动和影响，但此过程仅仅将竞争优势的源泉归于非人为的物质资源上，完全没有考虑其中人为因素影响，从而使得资源与资源配置者的脱离。现实中，客观资源作用的发挥很大程度上会受到人力资源的影响。

（3）以知识和核心能力为基础的企业可持续成长理论。

以核心能力和知识观为基础的企业可持续成长理论可以看作是上述资源基础观为基础的企业可持续成长理论的进一步延伸。该理论指出：企业的本质体现是一种能力体系。这种能力体系表现企业对于其所拥有的各种资源和技术配置、开发和保护的核心能力，可以称得上企业的竞争优势所在。因此，这种能力并非单纯强调企业资源的积累，而在于运用的能力。原因在于，在企业资源积累的基础上，企业要实现对资源进行保持和运用。相应地，企业的这种能力便成为企业长期竞争优势的重要决定因素和动力机制，属于能够为企业带来无限收益的主要核心资源。这一理论也同时提出，这种协调多种生产和整合技术的核心能力是一种特殊因素，会分布于组织内部或者跨越组织边界。众多不同业务的融合共存、协调统一均是在这种特殊核心能力的作用之下实现的。这种情况下，市场竞争就不再是简单的产品或业务单元的竞争，而变成包含企业整体在内的竞争，其中，强有力的核心能力便成为决定企业有效战略，决定企业生命线的重要因素。虽然，基于企业核心能力的企业成长理论在强调企业资源、技术的同时，特别强调了统筹配置这些资源和技术的核心能力，但是却忽视了企业所处外部环境，忽视了环境不断变化对企业成长的影响。

在企业知识为基础的企业成长理论中，企业的知识被认为是隐藏在企业核心能力背后并能对企业其余能力起决定作用的重要因素。这种知识不但能够给企业带来竞争优势，还是企业可持续成长的关键性作用因素。当然，企业知识既包括显性知识，同时不乏隐性知识。一家企业当前所形成的知识结构会对企业资源配置和资源效用的发挥起到决定作用，也会对企业发现未来商机的能力产生影响。企业的知识积累和知识结构又是由与企业知识密切相关的认知能力所决定。在该理论中，特别强调企业所处的外部环境相同，从而摒除了外部环境的影响，强调企业各不相同的知识结构和认知能力，认为这是导致各企业发现市场机会的能力有所差异的原因。基于企业知识的企业可持续成长理论强调了知识对于其余成长的促进作用，但对于知识对其余成长促进的经济学机理没做深入分析。

基于企业知识的企业可持续成长理论同样没有将企业所处外部环境考虑在内。因此，以企业核心能力理论为基础的企业可持续成长理论和以知识观为基础的企业可持续成长理论都是假设企业所处外部因素无差异的条件下，强调企业自身内部因素的作用，并深入挖掘企业可持续成长的动力。

（4）以财务管理理论为基础的可持续成长理论。

以财务管理理论为基础的可持续成长理论主要是通过定量分析的方式对企业可持续成长进行了论证。在该理论中，假设企业财务资源能够无限使用，在这种情况下企业销售增长的最大比率被定义为企业的可持续成长率。或者也可以将其定义为，特定经营、负债与股利支付比率下，企业销售的年度增长百分比最大值。无论我们采用哪一种定义，实质上都是将企业的可持续销售增长率定义为可持续增长。在销售增长率超过企业可持续成长率的情况下，目标比率无法支持其增长的情况下，企业负债或权益会相应增加，甚至达到破产的状态，反之，企业则会保持可持续成长。

基于财务管理理论的可持续成长理论主要通过模型定量分析的方式给出企业可持续成长的实现条件，并依此给出其可持续成长的实现机制。这对于在不同产业的各类企业中开展企业可持续成长性问题的研究奠定了基础。

（5）以战略管理理论为基础的可持续成长理论。

以战略管理理论为基础的可持续成长理论的典型代表理论是我们熟知的，最为主流和广泛应用的迈克尔·波特的竞争战略理论。在该理论中波特将竞争战略认定为决定企业成败的核心因素。基于此，他将竞争优势明确为推动企业成长的主要力量。在该理论中，波特从潜在竞争者、在位竞争者、替代品、购买者和供应商这五方面分别研究，认为这五个方面是企业竞争优势的来源，综合成为企业竞争力量。同时，他还指出企业竞争战略指的是企业在其所在产业内争取有利竞争地位或为建立相对有利可图的地位而采取的一系列举措。因此，竞争战略的选择会对企业竞争优势的确立产生关键影响，而进入有吸引力的产业、形成产业内的相对优势便成为竞争战略选择的两个核心问题。产业结构的这一战略分析起点会对企业战略的形成和竞争规律的确立产生重要影响。因此，以战略管理理论为基础的可持续成长理论主要对从产业结构到竞争战略，再到企业可持续成长三者间的作用机理进行了阐释。

（6）以上限理论为基础的企业可持续成长理论。

以上限理论为基础的企业可持续成长理论是以系统动力学为基础提出的，因此，该理论的核心思想主要围绕个人、组织乃至人类社会本身这样一个不断反馈的环路系统。这个环路系统同时与其所在的外部更大系统构成一个整体。因此，我们所研究的这个系统中的许多问题，不仅受到来自系统内部因素的影响，还将受到来自系统外部因素的制约。该理论指出，任何一个系统都是由三个基本因素构成的，包括不断增强的反馈、反复调节的反馈，以及时间延滞。第一个因素——不断增强的反馈主要说明的是，反馈包含正面和负面两种可能。但两者产生的结果不同，正面的反馈能对系统产生良性的促进作用，而负面的反馈则会给系统带来组织衰败。第二因素——反复调节的反馈强调的是反馈的调节直至稳定的过程，当然调节是朝着既定目标而进行的。第三个因素——时间延滞指的是反馈环路中可能经常会出现的时间延滞问题。这一因素主要指出影响的滞后时间。

根据该理论的相关论述，企业的成长都要如同植物一般经历孕育、诞生、高速成长到成熟的过程。我们可以将这一过程看成是一个不断增强的反馈环路，该反馈环路本身对企业进一步成长应该具有一定的促进作用。当企业处于成长过程中时，随之产生的结果是，企业知名度大大提升，企业利润和市场占有率大幅提高，企业人才集聚效应和技术水平有所提高，同时，企业内部的各项管理能力也将有提升。但任何事物都具有双面性，同样的，这一过程中企业可能也难免会遇到各种成长的限制与阻碍，当阻碍因素达到一定程度时，可能会导致企业成长停止。无论是产生的良好效应，还是成长的阻碍，这些都是企业成长过程中可能遇到的正常现象。在这一理论中，企业成长的抑制因素被归结为市场竞争者增多、创新精神减弱、企业内部管理结构复杂和对市场反应迟缓等。一个正常的企业在成长过程中，增强环路和抑制环路都是同时存在，同时发生作用的。在该过程中，增强环路促进企业成长，但同时也可能在不知不觉间触动抑制环路，使其开始运作，这就是企业成长上限形成的根本原因。

企业成长过程中增强环路和抑制环路共同存在、相互影响的矛盾存在往往不是在短期内能够被明确认识的。其原因在于系统的第三个因素——时间延滞的存在，这就导致这些阻碍企业成长的各种因素被暴露，以及其所导致的恶果并不能立竿见影的显现。因此，当企业成长减速发生时，往往会首先想到如何进一步促进成长要素，使其发挥促进作用。但是这一措施在短期内会达到预期效果，但长期来看也会导致阻碍因素的作用加大，导致问题愈发难以解决。因此，企业可持续成长的上限理论提示，企业成长过程中，当遇到成长瓶颈和限制时，不能一味地强调和继续推进促进企业成长的要素效用，此方法从长期看可能产生相反效果。这种情况下，若想突破企业成长上限，必须充分认识阻碍企业成长的限制因素，并对其加以改变或消除，才能达到治本的功效，最终实现企业的可持续成长。

（7）其他的企业可持续成长理论。

除了以上我们在此梳理的各流派有关企业成长理论的阐释之外，后续还出现了其他一些理论，其中也不乏经典理论，如企业生命周期理论。在企业生命周期理论中，企业成长过程被认为是如同生物和社会系统一样的过程。因此，企业成长过程可以被划分为几个阶段。在该理论观点指引下，任何一家企业都要经历产生、成长、成熟和死亡的过程。相应地，我们可以将企业生命周期划分为产生、成长、成熟、衰退和死亡五个阶段。我们应该对处于不同时期的企业，需要采取不同的企业战略和应对措施。

3.2.2　理论的适用性

通过对各流派有关企业可持续成长理论的梳理，我们发现无论是古典经济学的企业可持续成长理论、基于资源基础观的企业可持续成长理论、基于核心能力和知识的企业可持续成长理论、基于财务管理理论的企业可持续成长理论、基于战略的企业可持续成长理论，还是企业成长上限理论，都是从不同角度探寻企业成长的动力因素和成长动力机制的经济学逻辑。以此为基础，努力推动或促进企业成长的动力因素，抑制其成长的阻碍因素，促进企业实现可持续成长。

在对陕西省装备制造业可持续成长进行研究的过程中，我们不但要对陕西省装备制造业从整体层面进行分析，还要分行业进行研究。七个细分行业中，每个行业中各企业间具有相对较多的共性。各行业的可持续成长是以企业的可持续成长为基础的，而陕西省装备制造业的可持续成长又是以七个细分行业的可持续成长为前提的。因此，我们在进行陕西省装备制造业可持续成长性评价和分析的过程中，既要放眼整体，又要立足个体，尽可能进行全方位分析。对陕西省装备制造业可持续成长性进行评价并不是我们研究的最终目的，定量评价能够帮助我们认清陕西省装备制造业及各行业所处成长阶段，以便进行清晰定位。结合陕西省装备制造业现状，陕西省装备制造业的影响因素分析，我们能够判断陕西省装备制造业可持续成长的动力因素，这些因素将是推动陕西省装备制造业进一步发展的动力。有关成长性理论的阐释为陕西省装备制造业可持续成长性评价提供了理论基石，也为本书主体部分思路设计提供了启示。

3.3　本章小结

　　本章对两个最重要的相关理论——可持续发展理论和可持续成长理论进行了阐释。从发展程度上来说，可持续发展理论提出较早，相关理论也已经较为成熟和完善。可持续成长理论的提出与可持续发展理论有着千丝万缕的联系。可持续发展理论给我们的提示是：陕西省装备制造业的发展不是孤立的，要考虑其在发展过程中与社会、环境的协调，并且要考虑陕西省装备制造业发展的时空均衡，既要关注其当前的发展，又不能以损害后续发展或相关产业、环境为代价。可持续成长理论给我们的提示为：不但要对陕西省装备制造业可持续成长性进行自我判定，还要对其可持续成长的影响因素进行界定，恰当发挥动力因素的促进作用，减弱阻碍因素的抑制作用，最终促进陕西省装备制造业实现可持续发展。

第 4 章

陕西省装备制造业发展现状

陕西省装备制造业的现状是我们了解其全貌并进一步分析的基础。陕西省装备制造业的历史沿革、整体发展规模和趋势、七个细分行业的发展规模和趋势、与同类地区及发达地区的对比等内容都是我们对陕西省装备制造业可持续成长性进行评价，并找出其创新性发展路径的依据，为此，我们在本章将对陕西省装备制造业的发展现状进行全面分析。

4.1 陕西省装备制造业的历史沿革

4.1.1 制造业的历史沿革

制造业是装备制造业发展的基础，其包含的种类非常丰富，根据国民经济行业分类显示，其包含 13~43 大类，如表 4-1 所示。

需要说明的是，制造业分类中，33~40 大类属于装备制造业，2012年之后交通运输设备制造业细分为汽车制造业和铁路、船舶、航空航天和其他运输设备制造业，为了保证统计标准一致性及相关指标数据的可获取，我们在研究过程中仍遵循原有标准，统计过程中将两者相加，按照交通运输设备制造业来统计和分析。

表 4-1　制造业行业分类

农副食品加工业	食品制造业	酒、饮料和精制茶制造业	烟草制品业
纺织业	纺织服装、服饰业	皮革、毛皮、羽毛及其制品和制鞋业	木材加工和木、竹、藤、棕、草制品业
家具制造业	造纸和纸制品业	印刷和记录媒介复制业	文教、工美、体育和娱乐用品制造业
石油加工、炼焦和核燃料加工业	化学染料和化学制品制造业	医药制造业	化学纤维制造业
橡胶和塑料制品业	非金属矿物制品业	黑色金属冶炼和压延加工业	有色金属冶炼和压延机工业
金属制品业	通用设备制造业	专业设备制造业	汽车制造业
铁路、船舶、航空航天和其他运输设备制造业	电气机械和器材制造业	计算机、通信和其他电子设备制造业	仪器仪表制造业
其他制造业	废弃资源综合利用业	金属制品、机械和设备修理业	

资料来源：国家统计局《国民经济行业分类与代码》统计。

作为老牌的工业基地，从 20 世纪 90 年代末至今，陕西省制造业依靠着长期发展打下的基础结合时代发展的特色一直在陕西经济发展中占据着举足轻重的地位。并且，在近几年内，根据政府的大力指导与推进，企业结构不断优化，工业总产量持续上升，产生的经济效益也逐年攀升，在全国的经济发展中也占据了一定的位置。回顾陕西省制造业发展的历史，可将其归纳为三个大阶段，如图 4-1 所示：

第一阶段为 1978~1999 年。在这一阶段，全国的经济开始逐渐发展，在一定程度上带动了陕西省制造业的发展，使陕西省从农业大省开始向工业方面发展。国家统计局陕西调查总队在 2018 年对外发布了针对陕西省制造业近 40 年的发展历程调查报告，其调查结果显示，在 1978 年，陕西省的轻工业总产值仅为 43.06 亿元，但在之后的时期里，陕西省的轻工业产业开始了迅速发展阶段。1984 年之后轻工业年产值开始快速上升，到 1990 年其年产值增幅已明显高于重工业企业，1999 年轻工业总产值已升至 563.4 亿元。同时，针对改革开放之前，陕西省原材料工业、采掘工业等基础工业发展所暴露出来的问题，陕西省开始积极调整产业结构，

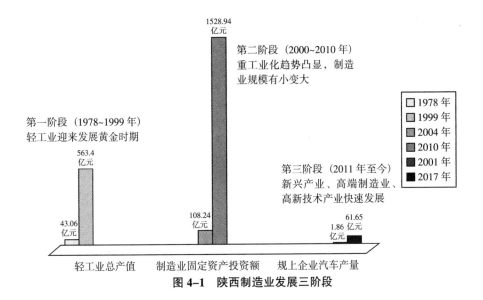

图 4-1　陕西制造业发展三阶段

纺织、食品、能源、轻工和医药等民生工业开始得到进一步关注，这为陕西省后续工业发展打下了坚实基础。

2000~2010 年是陕西省制造业发展的第二阶段。伴随着西部开发战略的实施，陕西省将制造业作为八大支柱产业之一，凸显重工业化趋势，推动陕西经济发展。在这十年间，陕西省制造业迎来了高速发展的十年，产业规模迅速扩张。根据数据显示，从 2000 年开始陕西省工业总产值迅速扩增。2002 年陕西省的工业总产值超过了 2000 亿元，2006 年越过 5000 亿元大关，到 2010 年已高达 12421.8 亿元。同时，重工业产值占工业总产值的比重也由 2000 年的 64.9% 攀升至 2010 年的 81.1%。在原来的产业结构的基础上，陕西省已逐渐形成了以食品、装备制造业、航天航空制造业、新能源化工等为主的多元化工业体系，制造业成为陕西省经济平稳运行，快速增长的助力器。

第三阶段为 2011 年至今。陕西省结合时代需求与政府要求，将制造业从传统模式向智能化模式转型，争取在新一轮产业革命中占据有利位置，促进高新科技产业，智能装备制造行业长远发展，同时将传统高污染低效能企业进行升级改造，推动制造业新常态、高质量的发展。为实现上述目标，这一时期陕西省实行了协作创新和创新驱动战略，积极构建创新协作平台，大力推行国家级、省级示范中心建设，构建行业发展新格局。同时充分利用其现有资源，发挥人才强省的优势，增强与国内外企业、高级院校的合作，注重产学结合，为陕西省实现装备制造业强省打下基础。

4.1.2　陕西省装备制造业的历史沿革

陕西省是"一带一路"倡议的起点，有着四通八达的交通系统和独特的地理位置。而作为陕西省八大支柱产业之一的装备制造业起步较早，在经历了早期的起步发展，后续的调整稳步阶段，以及巩固提高阶段之后，目前已成为了陕西省的优势产业，同时也取得了亮眼的成绩。陕西省装备制造业种类繁多，长期发展累积下来的基础较为雄厚，在诸多方面存在较强实力，尤其是航空航天产业方面、输变电设备等都在全国处于领先地位。装备制造业目前已经成为我省经济发展的基础支撑，为全省经济快速发展奠定基础。为了对陕西省装备制造业有个全面清晰的认识，我们在此对陕西省装备制造业的发展历史进行简要梳理。

（1）起步发展阶段。

陕西省装备制造业的起步可以追溯至建国初期国家在陕西省进行装备制造业的大规模布局。自此，陕西省开始进入工业化发展阶段，陕西省装备制造业也在多个装备制造业项目的引领下，开始了其发展历程中非常重要的第一阶段。这一阶段包括"一五""二五"和"三线建设"时期。"一五"时期全国重点装备制造业项目共计 68 项，其中陕西省 21 项，仅次于辽宁省，占装备制造业项目总数的 31%。这一高比重既说明了陕西省装备制造业最初建设规模非常大、起步好，又说明了陕西省装备制造业在全国装备制造业的重要程度。"二五"时期，新建和迁建的一批装备制造业企业和科研院所落地陕西，为陕西省装备制造业向高水平发展奠定了坚实基础。"一五"和"二五"时期陕西省装备制造业总产值年均增长分别为 29.9% 和 25.1%，分别高出当期全省工业平均增长率 10.8 和 17.1 个百分点。陕西省装备制造业不折不扣地成为了陕西省工业发展的中坚力量，成为了陕西省经济发展的主力军。"三线建设"时期，新一批工业企业和科研院所继续落户陕西，其中装备制造业继续被作为重点建设项目。航空、航天、电子等高科技产业逐渐形成规模并成为国家重要的科研生产基地。这一时期，陕西省装备制造业全面发展，逐渐形成相互配套的科研生产体系。陕西省装备制造业在陕西省工业体系中的比重也由"二五"初期的 14.9% 上升到 38.8%，成为名副其实的全省第一大支柱产业，继续领跑陕西工业发展。

（2）调整稳定阶段。

经过上一阶段的发展，陕西省装备制造业的门类体系逐渐完善，规模逐步扩大。在原有基础上，改革开放时期，陕西省装备制造业加快技术改造、结构调整和自主开发的步伐。这一时期陕西省装备制造业的重点产品和关键技术逐渐增多，总产值连续翻番，年均增长率达到 12.9%。"十五"期间，陕西省装备制造业继续保持良好的发展速度，但从全国各省市对比来看，其与全国及东部沿海地区相比，存在一定差距。虽然这一阶段陕西省装备制造业的发展速度与发达地区相比差距较大，但保持了较为稳定的增速。至此，陕西省装备制造业实现了从无到有、从小到大的发展，为后续的跨越式发展，以及陕西省工业发展奠定了坚实的工业基础。

（3）跨越式发展阶段。

"十一五"时期是陕西省装备制造业发展历程中重要的转折点和机遇期。2006 年，全国振兴装备制造业会议在西安召开。在这一政策引领下，陕西省紧抓机遇，迅速出台了《关于加快振兴装备制造业，建设国家制造业基地的意见》和《陕西省装备制造业"十一五"发展规划》，为陕西省装备制造业明确了战略发展目标。这一时期，陕西省装备制造业将飞机制造、航天设备制造、输变电成套设备制造、汽车制造、数控机床制造、工程机械制造、电子及通信设备制造、专用设备制造八个行业作为发展重点。八个行业的工业增加值、销售收入、资产总值等为陕西省装备制造业增长贡献达 70%以上。这一时期国家"十一五"规划提出了 16 个装备制造业公关重大项目,陕西占据一半,并且大部分取得突破性进展。

(4)深入发展阶段。

经过前三个阶段之后,陕西省装备制造业具有了良好的发展基础。2010 年之后的几年时间内,在国内外经济环境疲软和市场竞争压力加大的双重影响下,陕西省装备制造业的发展速度有所下降,但其总产值依旧占据陕西省工业总产值的 20%以上,依然是陕西省工业经济发展的重要支撑。

4.2　陕西省装备制造业整体发展现状

4.2.1　总体规模分析

陕西省装备制造业的总产值是最能表征其发展规模的指标,企业个数及从业人员数也能够从侧面反映陕西省装备制造业的规模。因此,我们将分别从陕西省装备制造业总产值、企业及从业人员数两个角度对陕西省装备制造业总体发展规模进行分析。

(1)装备制造业总产值。

我们梳理了 2011~2018 年陕西省装备制造业总产值、陕西省总产值,并计算整理了陕西省装备制造业总产值在陕西省总产值的比重,具体数据和结果如表 4-2 所示。陕西省装备制造业总产值及全省工业总产值的变动趋势如图 4-2 所示。

表 4–2　2011~2018 年陕西省装备制造业产值变化

年份	全省年度总产值（亿元）	装备制造业产值（亿元）	装备制造业产值占全省工业总产值比重（%）
2011	12512.3	3158.66	25.24
2012	14453.68	3413.35	23.62
2013	16205.46	4048.3	24.98
2014	17689.94	3855.22	21.79
2015	18021.86	4057.94	22.52
2016	19399.59	4780.5	24.64
2017	21898.81	5459.25	24.93
2018	24438.32	5807.96	23.77

资料来源：《陕西统计年鉴》，并经作者计算整理。

由表 4–2 中数据可知，除了 2014 年之外，陕西省装备制造业总产值基本上是逐年上升的，说明陕西省装备制造业的规模表现出扩大趋势。通过产值占全省总产值的比重数据可知，陕西省装备制造业工业总产值占全省工业总产值的比重并没有表现出持续上升的态势。2011 年占比25.24%，为所研究区间内最高比重。2014 年，陕西省装备制造业产值占全省产值比重为 21.79%，属于研究区间内最低水平。图 4–2 的趋势图更为清晰地展现了陕西省装备制造业总产值及全省总产值的变动。

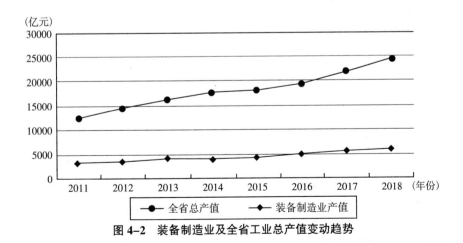

图 4–2　装备制造业及全省工业总产值变动趋势

通过图 4-2 陕西省装备制造业总产值和全省总产值的变动趋势可以发现，两者全部呈现较为稳定的增长趋势，但是近几年两者之间的差距有所拉大，表现为陕西省装备制造业总产值的增长趋势逐渐跟不上全省总产值增长的步伐。尽管如此，陕西省装备制造业仍然为陕西省生产总值贡献了接近三成的力量，说明陕西省装备制造业为全省经济的持续发展提供了强有力的支撑。

（2）装备制造业企业数和从业人员数。

2011~2018 年陕西省装备制造业各年企业数及其占陕西省工业企业数的比重、陕西省装备制造业从业人员数及其占陕西省工业企业从业人员数比重如表 4-3 所示。

表 4-3 2011~2018 年陕西省装备制造业企业数和从业人员数统计表

项目 年份	装备制造业企业数统计		装备制造业从业人员数统计	
	企业数（家）	占陕西省工业企业比重（%）	从业人员数（人）	占陕西省工业企业从业人数比重（%）
2011	827	22.45	980138	62.62
2012	961	22.43	1020702	61.67
2013	1006	22.41	998712	63.89
2014	1166	23.24	746296	48.23
2015	1257	23.5	747064	47.56
2016	1370	23.62	746016	48.08
2017	1444	23.26	745622	48.65
2018	1546	24.06	747300	50.91

资料来源：《陕西统计年鉴》，并经作者计算整理。

2011~2018 年，陕西省装备制造业的企业数呈现逐年递增的趋势，从 2011 年的 827 家上升至 2018 年的 1546 家，增长将近 1 倍。从陕西省装备制造业企业数占陕西省工业企业总数的比重来看，没有表现出单一的递增或递减趋势，而是呈现上下波动趋势，但一直维持在 22.45% 至 24.06% 的变动范围之内。与此形成鲜明对比的是，陕西省装备制造业从业人员数占陕西省规模以上工业企业从业人员总数的比重基本上呈现了下降的趋势，从 2011~2013 年的 60% 以上，下降了至少 10 个百分点，2014~2017 年基本维持在 48% 左右，直至 2018 年，相比 2017 年略有上升，达到 50.91%。虽然比例总体来看有所下降，但仍占据一半左右，说明陕西省装备制造业人才需求旺盛，对陕西省就业工作贡献非常大。

陕西省装备制造业企业数从业人员数的变动趋势并不一致，为了更清晰地观察两者的变动方向，将 2011~2018 年陕西省装备制造业企业数、从业人员数的变动分别绘制成折线图，如图 4-3 和图 4-4 所示。

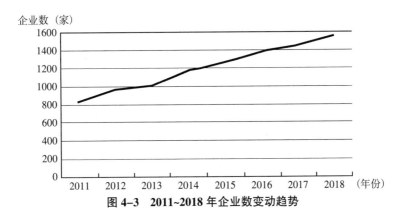

图 4-3　2011~2018 年企业数变动趋势

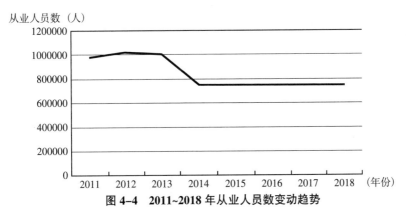

图 4-4　2011~2018 年从业人员数变动趋势

通过图 4-3 和图 4-4 可知，陕西省装备制造业企业数保持了较为稳定的上升态势，而从业人员数在开始两年内较为稳定，2013 年到 2014 年经历一次大的下降幅度之后，又保持在一个相对稳定的状态。可以说，陕西省装备制造业企业数的变动与从业人员数的变动不但不一致，反而是相反的变动趋势。这一变动趋势可能是由于人才供给不足，也可能是由于陕西省装备制造业技术水平和机械化程度提高导致所需从业人数有所下降。

4.2.2　盈利情况分析

通过陕西省装备制造业利润总额及其占陕西省规模以上工业企业利润总额比重分析，可以对陕西省装备制造业的盈利情况进行分析，具体数据整理结果，以及两者变动趋势如表 4-4 和图 4-5 所示。表 4-4 中最后一列数据显示，陕西省装备制造业利润总额占全省规模以上工业企业利润总额的比重在 10.33~21.88 的区间内波动。相比于陕西省装备制造业在全省工业企业的比重，这一利润比例偏低。通过图 4-5 所显示的陕西省装备制造业利润总额与规模以上工业企业利润总额对比来看，陕西省规模以上工业企业利润总额呈现"先下降、后上升"的变动，而陕西省

表 4-4　2011~2018 年陕西省装备制造业利润总额情况

年份	陕西省装备制造业利润总额（亿元）	陕西省规模以上工业企业利润总额（亿元）	陕西省装备制造业利润总额占工业利润总额比重（%）
2011	244.2441	1933.92	12.63
2012	236.8687	2057.22	11.51
2013	249.0968	1973.92	12.62
2014	312.0099	1846.98	16.89
2015	309.0348	1412.41	21.88
2016	278.5969	1550.02	17.91
2017	360.2087	2238.04	16.09
2018	251.6999	2436.27	10.33

资料来源：《陕西统计年鉴》，并经作者计算整理。

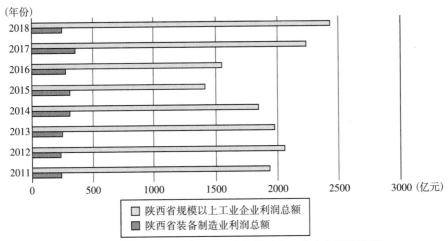

图 4-5　陕西省装备制造业及全省规模以上工业企业利润总额

装备制造业利润总额在经历了 2014 年和 2017 年的上升之后，2018 年较前一年下降了 30.12%。这一分析表明陕西省装备制造业的利润水平与其规模不相协调，但其利润增长空间还是非常大的。

4.2.3　创新投入与产出

自主创新是企业持续成长的动力，为此，我们对陕西省装备制造业的自主创新投入和产出分别进行分析。我们选取 R&D 人员数、R&D 经费、新产品开发投入来分析陕西省装备制造业的投入，选取有效发明专利数、新产品产值和销售收入来分析创新产出。

（1）创新投入。

1）R&D 人员数。

由于 2018 年 R&D 人员统计缺失，我们将 2011~2017 年陕西省装备制造业 R&D 人员统计数据绘制成折线图，如图 4-6 所示。图中显示 2011~2014 年陕西省装备制造业 R&D 人员数逐年增幅非常大，但 2015 年相较前一年大幅下降，且之后几年没有太大波动。

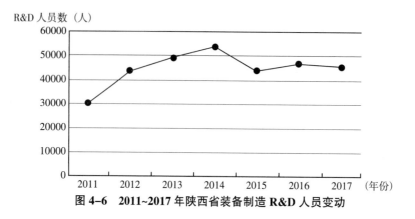

图 4-6　2011~2017 年陕西省装备制造 R&D 人员变动

2）R&D 经费。

与 R&D 人员的变动趋势相类似，表 4-5 显示出陕西省装备制造业 R&D 经费投入在 2011~2014 年呈现上升趋势，2015 年相比前一年下降明显，2016 年和 2017 年又连续上升，但 2018 年又出现明显下降。这一变动趋势与陕西省全省 R&D 经费投入的逐年变动趋势形成了鲜明对比。2011~2018 年陕西省全省 R&D 经费投入呈现了明显的上升态势，2018 年 R&D 经费投入额为 532.42 亿元，相比 2011 年增长了 113.52%。图 4-7 陕西省装备制造业及全省 R&D 经费投入变动趋势图显示两者之间的投入差距是逐年拉大的，尤其是 2018 年，陕西省装备制造业 R&D 经费投入不升反降，而全省 R&D 经费投入则大幅增加。这一对比说明陕西省装备制造业的经费投入不足，研发活动经费投入的持续性不足，与全省创新环境不协调。陕西省装备制造业 R&D 经费和 R&D 人员投入的趋势相似，更进一步证明陕西省装备制造业的创新投入不足。

表 4-5　2011~2018 年陕西省装备制造业和陕西省工业企业研发经费

单位：亿元

年份	2011	2012	2013	2014	2015	2016	2017	2018
装备制造业	72.11	88.2	95.65	108.4	106.26	116.23	122.01	101.28
全省 R&D 经费投入	249.35	287.2	342.75	366.77	393.17	419.56	460.94	532.42

资料来源：《陕西统计年鉴》，并经作者计算整理。

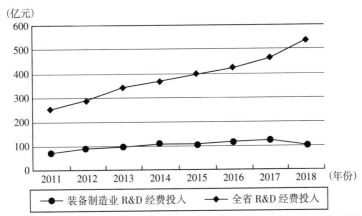

图 4-7　2011~2018 年陕西省装备制造业及全省 R&D 经费投入变动趋势图

3）新产品开发投入。

开发新产品是装备制造业企业追求利润和扩大市场占有率的一种有力手段，因此，在新产品投入方面的支出也是衡量陕西省装备制造业通过创新提高自身实力的一个重要指标。由于未能通过相关资料获取 2018 年相关指标数据，因此，表 4-6 整理了 2011~2017 年陕西省装备制造业新产品开发经费投入数据。

表 4-6　2011~2017 年陕西省装备制造业新产品开发经费投入

单位：万元

年份	2011	2012	2013	2014	2015	2016	2017
新产品开发经费投入	849374	1066240	1051716	1262541	1159290	1318592	1381253

资料来源：《陕西统计年鉴》，并经作者计算整理。

通过表 4-6 的数据可以发现，除了个别年份略有下降外，2011 年至 2017 年陕西省装备制造业在新产品开发方面的经费投入逐年增加。2017 年投入 1381253 万元，相比于 2011 年的 849374 万元，增长了 62.62%。持续增长的新产品开发经费支出，既保证了陕西省装备制造业在新产品研发方面的投入需求，也是提升整个装备制造业自主创新能力的保障。

（2）创新产出。

创新投入对于陕西省装备制造业自主创新活动来说是非常重要的，

而作为高技术密集型产业，知识产权保护也是必不可少的。为此，我们将分别对陕西省装备制造业的有效发明专利数、新产品产值、新产品销售收入相关情况进行统计。

1）有效发明专利数。

有效发明专利数是衡量陕西省装备制造业创新产出的一个非常重要且关键的指标，将陕西省装备制造业 2011~2018 年的有效发明专利数进行统计之后绘制成图，如图 4-8 所示。

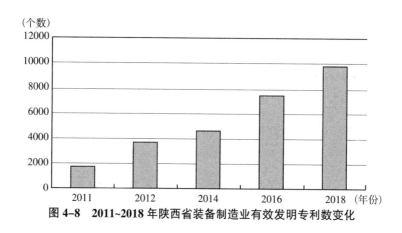

图 4-8　2011~2018 年陕西省装备制造业有效发明专利数变化

由于个别年份数据缺失，这里梳理了陕西省装备制造业 2011 年、2012 年、2014 年、2016 年和 2018 年有效发明专利数。从图中变化来看，陕西省装备制造业的有效发明专利数呈现了明显的增长态势，2011 年为 1736 件，2012 年增长了一倍有余，至 2018 年增长四倍多。这可能是国家和省的创新性政策鼓励，以及陕西省装备制造业技术水平提高，使得创新产出有所增强。同时，知识产权保护的倡导也有利于企业意识的提高。

2）新产品产值和销售收入。

通过对新产品开发经费投入数据的梳理可知，陕西省装备制造业在新产品开发经费方面的投入是逐渐增加的。那么，这部分投入的效果可以通过新产品产值和新产品销售收入来加以衡量，表 4-7 整理了 2011~2017 年陕西省装备制造业新产品产值和销售收入数据，同时，为了更清晰直观地反映两者的变动趋势，将两者绘制成折线图，如图 4-9 所示。

表 4-7　2011~2017 年陕西省装备制造业新产品产值和销售收入

单位：万元

年份	2011	2012	2013	2014	2015	2016	2017
新产品产值	7238844	6941061	8298048	9265548	8730422	11437171	15631437
新产品销售收入	6602290	6557092	6216372	7794321	7555653	8344371	13010392

资料来源：《陕西统计年鉴》，并经作者计算整理。

表 4-7 和图 4-9 都非常清晰地显示出陕西省装备制造业新产品产值和销售收入总体上呈现上升态势，尤其是 2015 年之后上升趋势更加明显。从所研究区间来看，2017 年陕西省装备制造业新产品产值和销售收入分别为 15631437 万元和 13010392 万元，相比于 2015 年分别增长了79.05% 和 72.19%，相比于 2011 年分别增长了 115.94% 和 97.06%，增幅非常明显，这说明陕西省装备制造业在新产品开发方面的经费投入产生了明显效果。

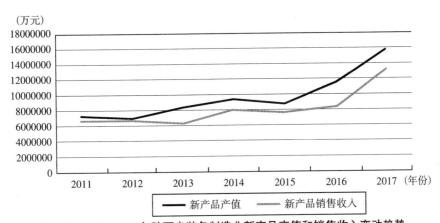

图 4-9　2011~2017 年陕西省装备制造业新产品产值和销售收入变动趋势

4.2.4　参与国际分工及竞争

外商及港澳台对陕西省装备制造业投资情况能够侧面说明陕西省装备制造业参与国际分工及竞争情况，因此，根据 2011~2018 年这两项数据进行整理计算得出的结果如表 4-8 所示。

表 4-8　2011~2018 年外商及港澳台对陕西省装备制造业投资企业数及产值

年度	2011	2012	2013	2014	2015	2016	2017	2018
企业数（家）	64	63	67	77	73	71	77	62
产值（万元）	4808408	3713272	4313833	5319831	5783674	6956971	7873322	6352053

资料来源：《陕西统计年鉴》，并经作者计算整理。

表 4-8 中数据显示，2011~2018 年外商及港澳台对陕西省装备制造业投资企业数波动较多，但总体上在 62 家至 77 家的范围内。从产值变动来看，除 2012 年和 2018 年有所下降外，其余年份产值均较前一年有所上升。2017 年产值相比 2012 年增长了 112.03%。这一变动趋势表明，外商及港澳台对陕西省装备制造业的投资规模虽有波动，但是整体效率有所提高，也说明陕西省装备制造业通过产业转型升级推动产业发展的效果。

4.2.5　能源消耗

在注重环保，提倡企业自主创新的背景下，能源消耗情况能够对行业发展现状从另一个角度加以说明。为了能够对陕西省装备制造业能源消耗有个清晰认识，不但对陕西省装备制造业能源消耗进行逐年梳理，还将其与陕西省规模以上工业企业能源消耗加以对比。具体数据如表 4-9 所示。

表 4-9　2011~2018 年陕西省装备制造业平均每万元总产值能源消耗

单位：万吨标准煤，%

年份	2011	2012	2013	2014	2015	2016	2017	2018
装备制造业	151.01	158.03	151.8	121.41	121.41	124.53	129.26	135.58
工业	6344.52	6982.51	7678.87	8081.97	8430.42	8840.26	9001.61	9128.32
装备制造业能源消耗占工业企业能源消耗比重（%）	2.38	2.26	1.98	1.5	1.44	1.41	1.44	1.49

资料来源：《陕西统计年鉴》，并经作者计算整理。

由表 4-9 中数据可知，2011 年至 2013 年陕西省装备制造业的能耗一直处于 151 万吨标准煤以上，2014 年相比 2013 年有一次大的降幅，直至 2017 年每年的能源消耗都维持在 130 万吨标准煤以下水平，2018 年再次上升，达到 135.58 万吨标准煤。这一变动趋势通过图 4-10 得到更好的展示，同时图 4-11 和表 4-9 第二行的数据均显示，陕西省规模以上工业企业能源消耗呈现了较为明显的递增趋势。同时，从陕西省装备制造业能耗占规模以上工业企业能耗比重来看，相对于其自身规模及对陕西省经济的贡献来说，这一能耗比重还是比较低的。而且，除了 2017 年和 2018 年分别较前一年比重有所上升外，2011~2016 年是逐年下降的。

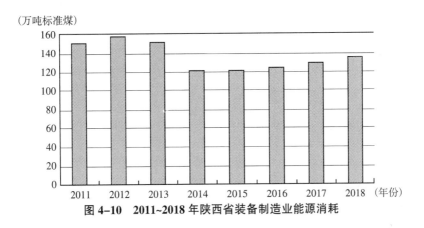

图 4-10　2011~2018 年陕西省装备制造业能源消耗

图 4-11　2011~2018 年陕西省规模以上工业企业能源消耗

这一分析结果说明，陕西省装备制造业技术改造效果良好，收到了良好的节能效果，在陕西省工业体系中属于能源消耗低的产业，对陕西省节能减排贡献巨大。

4.3　陕西省装备制造业七个细分行业发展现状

陕西省装备制造业七个细分行业的分析不但有助于对陕西省装备制造业整体的分析，还能够对七个细分行业进行对比分析，以确定各行业的优势和问题。因此，这里将分别基于统计数据和相关计算方法对七个细分行业进行对比分析。

4.3.1　基于统计数据的一般分析

（1）总体规模。

对陕西省装备制造业七个细分行业的产值和企业数分别进行逐年梳理，能够对各行业的规模变化及其在陕西省装备制造业整体中所处规模进行分析，为此，我们将相关数据整理，如表4-10所示。

由表4-10中数据可知，除通用设备制造业、仪器仪表制造业外，其余行业的企业数基本上呈逐年递增趋势，而只有专用设备制造业、电气机械和器材制造业的产值是逐年递增的，其余行业产值都有不同波动。从各行业对比看，专用设备制造业的企业数最多，其次为交通运输设备制造业，企业数最少的行业为仪器仪表制造业。各行业产值对比可知，交通运输设备制造业的产值每年均遥遥领先于其他行业，然后为电气机械和器械制造业、专用设备制造业，仪器仪表制造业产值最低。因此，交通运输设备制造业产能最大，应该继续发挥其带动引领作用，仪器仪表制造业还存在很大的发展空间和发展潜力。

表 4-10　七个细分行业 2011~2018 年产值和企业数

单位：亿元、个

行业\年份	金属制品业		通用设备制造业		专用设备制造业		交通运输设备制造业		电气机械和器材制造业		计算机通信和其他电子设备制造业		仪器仪表制造业	
	产值	企业数	产值	企业数	产值	企业数	产值	企业数	产值	企业数	产值	企业数	产值	企业数
2011	166.9	107	393	144	402.7	171	1370.2	138	404.6	137	303.6	85	117.6	45
2012	207	120	418.7	175	470.9	204	1397.9	167	504.8	161	279.1	93	135	41
2013	275	129	489.4	188	546.5	210	1664.3	169	636.2	174	289.2	94	147.7	42
2014	235.8	144	489.8	224	546.5	246	1444.3	188	722.6	221	300.5	93	115.6	50
2015	236.4	155	507.6	237	612	273	1298.1	196	828	235	501	104	74.8	57
2016	251.5	171	521.8	249	693.6	295	1529	217	955.3	251	738.4	122	90.9	65
2017	287.3	195	489	237	735	315	2004.9	241	1007.2	256	837.8	136	97.2	64
2018	394.5	244	486.1	245	685.2	313	2152.4	251	1077.6	278	887.2	148	125	67

资料来源：《陕西统计年鉴》。

（2）盈利情况分析。

除产值和企业数外，笔者还梳理了 2011~2018 年七个行业利润总额占陕西省装备制造业比重，如表 4-11 所示，以及七个行业利润总额的逐年变动趋势，如图 4-12 所示。

表 4-11　2011~2018 年七个细分行业利润占陕西省装备制造业比重

单位：%

年份＼行业	金属制品业	通用设备制造业	专用设备制造业	交通运输设备制造业	电气机械和器材制造业	计算机通信和其他电子设备制造业	仪器仪表制造业
2011	4.94	16.66	13.85	41.49	8.49	8.38	6.2
2012	5.94	19.3	16.02	37.35	10.82	5.53	5.03
2013	7.97	16.08	16.29	35.75	12	6.15	5.77
2014	6.67	13.23	13.89	34.7	18	8.21	5.31
2015	5.07	15.86	16	22.48	22.91	14.36	3.32
2016	4.98	11.42	13.71	20.04	13.55	32.72	3.57
2017	5.72	7.17	9.19	30.19	13.41	32.1	2.22
2018	10.49	7.09	5.95	52.08	14.36	4.79	5.23

资料来源：《陕西统计年鉴》，并经作者计算整理。

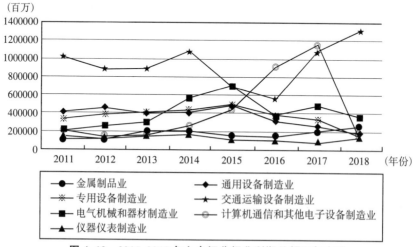

图 4-12　2011~2018 年七个细分行业利润总额逐年变动

由表 4-11 中数据可知，除 2016 年和 2017 年外，其余年份中交通运输设备制造业对陕西省装备制造业的利润总额贡献最大。2016 年和 2017 年计算机通信和其他电子设备制造业的利润贡献最大，也达到该行业在研究区间的贡献顶峰。通用设备制造业和专用设备制造业在陕西省装备制造业利润总额中也起了举足轻重的作用，但近两年呈现下降趋势。图 4-12 的折线图显示，七个细分行业的利润总额在所研究区间内的波动较大，没有一贯的递增或递减趋势。交通运输设备制造业、计算机通信和其他电子设备制造业、电气机械和器材制造业波动最为强烈，仪器仪表制造业和金属制品业波动幅度较小，但逐年利润总额也属于七个行业中最低和次低水平。

（3）创新投入和产出。

七个细分行业不单单在产业规模和利润水平上千差万别，创新投入和产出水平上也存在着差距，图 4-13 和图 4-14 绘制了表征七个细分行业创新投入的 R&D 经费和 R&D 人员的柱状图，表 4-12 则梳理了 2011~2018 年七个细分行业的有效发明专利数，表 4-13、表 4-14 和表 4-15 整理了新产品投入经费、新产品产值和销售收入情况，用以分析七个细分行业的创新产出。

1）R&D 经费和 R&D 人员。

从图 4-13 和图 4-14 可知，交通运输设备制造业的 R&D 经费和 R&D 人员投入都属于七个行业中最多的，且远远超出其他行业。无论是人员还是经费，交通运输设备制造业的投入都表现为先增加，后降低，再增加，再降低的变动，但尽管如此，近两年其投入水平较 2013 年均有较大提高。计算机通信和其他电子设备制造业的创新投入在 2015 年之后明显增加，超出交通运输设备制造业外的其余五个行业。除个别年份外，金属制品业和仪器仪表制造业的创新投入几乎均处于相对较低水平。

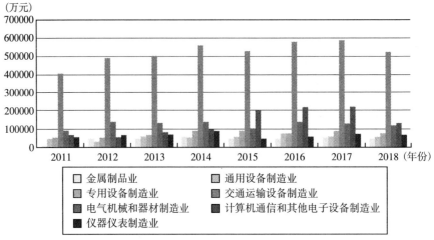

图 4-13　2011~2018 年七个细分行业 R&D 经费支出变动

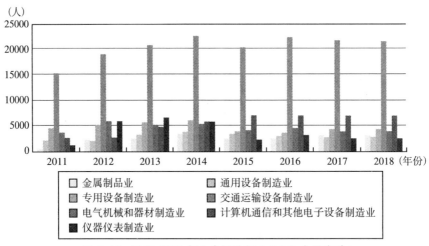

图 4-14　2011~2018 年七个细分行业 R&D 人员变动

2）有效发明专利数。

由于 2015 年和 2018 年七个细分行业关于有效发明专利数的指标缺失，因此，表 4-12 中梳理的数据没能保持时间上的连续性。从创新产出来看，七个细分行业的表现与其创新投入几乎是呈正比的关系。交通运输设备制造业有效发明专利数一直属于七个行业中的佼佼者，其次为专用设备制造业、计算机通信和其他电子设备制造业、电气机械和器材制造业，金属制品业、通用设备制造业、仪器仪表制造业的创新产出水平相近，且都属于较低水平。

表 4-12　2011~2017 年七个细分行业有效发明专利数

单位：件

年份 ＼ 行业	金属制品业	通用设备制造业	专用设备制造业	交通运输设备制造业	电气机械和器材制造业	计算机通信和其他电子设备制造业	仪器仪表制造业
2011	30	140	313	477	202	337	237
2012	221	206	504	848	1308	339	310
2013	247	251	801	1116	542	609	278
2014	275	337	778	1320	582	883	473
2016	423	497	1270	2447	972	1094	774
2017	482	803	1599	3445	1253	1488	794

资料来源：《陕西统计年鉴》。

3）新产品投入及产出。

七个细分行业的新产品开发方面投入力度存在着差距，如表 4-13 所示，交通运输设备制造业的投入力度最大，位居第一位。2014 年之前电气机械和器材制造业的投入力度为第二位，2014 年之后计算机通信和其他电子设备制造业的新产品开发经费投入增幅非常明显，超越电气机械和器材制造业，成为七个细分行业的第二位。相对来说，金属制品业和仪器仪表制造业的投入力度属于最弱的，当然，这与两个行业本身规模存在很大关系。从各行业投入力度的自身对比看，2017 年相比 2011 年，金属制品业、通用设备制造业、专业设备制造业、交通运输设备制造业、电气机械和器材制造业、计算机通信和其他电子设备制造业、仪器仪表制造业在新产品开发经费方面的投入分别增长了 673%、-11.18%、39.6%、42.87%、29.55%、192.62%、403.01%。可见，虽然金属制品业和仪器仪表制造业相对于其他行业来说，投入力度较小，但与自身对比，投入增幅还是比较大的，对陕西装备制造业整体的投入增幅贡献力度很大。此外，计算机通信和其他电子设备制造业对陕西省装备制造业整体新产品开发经费投入增幅的贡献力度也是比较显著的。交通运输设备制造业的新产品开发经费投入相对最多，在陕西省装备制造业整体中所占比重也最大，但从自身投入的逐年变化来看，增幅不是最大。

表 4-13　2011~2017 年七个细分行业新产品开发经费支出

单位：万元

行业 年份	金属 制品业	通用设备 制造业	专用设备 制造业	交通运输 设备 制造业	电气机械 和器材 制造业	计算机通信 和其他电子 设备制造业	仪器仪表 制造业
2011	7038	79894	73347	461201	128047	82481	17366
2012	51268	111382	66146	517553	151981	106480	61430
2013	50737	88201	91293	587866	134029	95924	3666
2014	58472	72185	102032	647816	134003	152996	95037
2015	48042	57948	109114	607625	111860	195286	29415
2016	50706	74862	98793	689983	132044	238570	33634
2017	54404	70962	102390	658898	165888	241358	87353

资料来源：《陕西统计年鉴》。

表 4-14 和表 4-15 梳理了七个细分行业新产品产值和新产品销售收入。这两个指标的变动趋势及各行业的比重基本与新产品经费投入的变动一致。从绝对量水平看，交通运输设备制造业的新产品产值和销售收入仍然保持了七个细分行业的第一位水平，金属制品业和仪器仪表制造业仍然为七个细分行业中的最低。从逐年的自身对比来看，2017 年相比2011 年，金属制品业、通用设备制造业、专业设备制造业、交通运输设备制造业、电气机械和器材制造业、计算机通信和其他电子设备制造业、仪器仪表制造业的新产品产值分别增长了 557.12%、-11.82%、-1.98%、163.73%、78.56%、34.71%、69.24%。在这一研究区间，七个细分行业的新产品销售收入分别增长了 518.33%、-7.67%、-11.41%、144.01%、98.74%、8.15%、53.58%。金属制品业的新产品产值和新产品销售收入的增幅最大，其次为交通运输设备制造业，通用设备制造业和专用设备制造业则表现为负增长。综合七个细分行业的新产品开发经费投入、新

产品产值和销售收入变动趋势，不难发现，交通运输设备制造业在经费投入的增幅为 42.87%，但却带来了新产品产值和销售收入分别为 163.73% 和 144.01% 的增幅，说明交通运输设备制造业的投入产出转化效果最好，可以继续增加新产品开发投入，以获取更大的新产品产值和销售收入增幅。专用设备制造业的新产品经费投入增长了 39.6%，但是其新产品产值和销售收入的增幅均表现为负。同样地，仪器仪表制造业的新产品开发

表 4–14　2011~2017 年七个细分行业新产品产值

单位：万元

行业 年份	金属 制品业	通用设备 制造业	专用设备 制造业	交通运输 设备 制造业	电气机械 和器材 制造业	计算机通信 和其他电子 设备制造业	仪器仪表 制造业
2011	45576	650706	520920	4422007	845925	581453	172257
2012	223132	678248	520692	3889717	878560	432081	318631
2013	160082	349765	650133	5293832	1166487	453089	224660
2014	312911	552998	674194	5108036	1049554	1297742	270113
2015	240067	507665	501244	4513426	1084493	1629280	254247
2016	186808	478662	676992	7677468	1262133	797415	357693
2017	299489	573812	510615	11662210	1510484	783299	291528

资料来源：《陕西统计年鉴》，并经作者计算整理。

表 4–15　2011~2017 年七个细分行业新产品销售收入

单位：万元

行业 年份	金属 制品业	通用设备 制造业	专用设备 制造业	交通运输 设备 制造业	电气机械 和器材 制造业	计算机通信 和其他电子 设备制造业	仪器仪表 制造业
2011	48003	646520	566195	3722046	774187	668936	176403
2012	197084	640830	530147	3302681	815640	492727	577983
2013	156209	424472	569801	3439518	983107	490394	152871
2014	300770	541299	647250	4088533	974917	1068029	173523
2015	226277	450652	436959	4027289	1012083	1288841	113552
2016	195418	491155	570038	4953477	1117960	692917	323406
2017	296816	596933	501567	9082117	1538583	723462	270914

资料来源：《陕西统计年鉴》。

经费投入增幅超过了四倍，但其新产品产值和销售收入增幅均不足一倍。因此，专用设备制造业和仪器仪表制造业的新产品投入产出转化效果相对最差。对于这两个行业，在不改变其他条件的情况下，应该避免大幅增加新产品开发经费的投入。

（4）参与国际分工及竞争。

在参与国际分工及竞争方面，外商及港澳台对计算机通信和其他电子设备制造业投资企业产值在经历了短暂下降后，直线上升，2015年之后一直处于七个细分行业中最高水平，如图4-15所示。交通运输设备制造业也具有明显优势，但是2018年经历了一次大幅下降。外商及港澳台对电气机械和器材制造业，以及专用设备制造业投资企业产值相对较为稳定，分别保持在行业第三、第四的水平。外商及港澳台对金属制品业、通用设备制造业、仪器仪表制造业投资企业产值相差无几，均处于行业低水平位置。外商及港澳台对各行业投资企业产值所占外商及港澳台对陕西省装备制造业投资企业产值的比重也能很好地阐释这一情况，如表4-16所示。

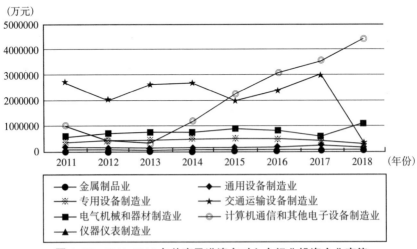

图4-15　2011~2018年外商及港澳台对七个行业投资企业产值

表4-16 2011~2018年外商及港澳台投资企业数和产值在陕西省装备制造业总体所占比重

单位：家，%

行业 年份	金属制品业		通用设备制造业		专用设备制造业		交通运输设备制造业		电气机械和器材制造业		计算机通信和其他电子设备制造业		仪器仪表制造业	
	企业数	比重	企业数	比重	企业数	比重	企业数	比重	企业数	比重	企业数	比重	企业数	比重
2011	5	0.41	7	2.96	9	6.97	8	55.84	15	11.25	13	20.49	7	2.08
2012	5	0.52	7	3.27	11	10.98	10	53.49	12	18.82	14	10.92	4	2
2013	6	0.97	7	2.81	11	9.76	13	60.05	12	17.22	14	7.44	4	1.76
2014	5	0.68	7	2.35	12	9.04	16	50.32	18	13.38	15	22.29	4	1.93
2015	4	0.48	7	2.3	11	8.34	16	34.05	16	14.84	15	38.68	4	1.34
2016	3	0.37	9	2	12	6.7	15	34.05	14	11.56	16	44.2	2	1.13
2017	3	0.51	10	2.6	13	5.39	19	38.36	14	7.23	15	44.83	3	1.09
2018	2	0.63	8	2.03	10	4.3	10	5.32	14	16.95	15	69.3	3	1.47

资料来源：《陕西统计年鉴》，并经作者计算整理。

表 4-16 中的比重值更清晰地展示出，外商及港澳台对金属制品业投资企业产值在外商及港澳台对陕西省装备制造业投资企业产值的比重最低，次低的为仪器仪表制造业和通用设备制造业。从外商及港澳台对各行业投资企业数来看，交通运输设备制造业、电气机械和器材制造业、计算机通信和其他电子设备制造业较多，金属制品业和仪器仪表制造业最少。

（5）能源消耗。

根据七个细分行业的能源消耗数据显示（见表 4-17），2011~2014 年交通运输设备制造业消耗相对最多，但逐年下降明显，2017 年和 2018 年略有上升，幅度不大。计算机通信和其他电子设备制造业的能源消耗呈现了逐年上升态势，2015 年之后超过交通运输设备制造业、电气机械和器材制造业，成为能耗最大的行业。仪器仪表制造业的能源消耗最低，且 2017 年和 2018 年比 2013 年之前降幅明显。

表 4-17　2011~2018 年七个细分行业能源消耗

单位：万吨标准煤

行业 年份	金属 制品业	通用设备 制造业	专用设备 制造业	交通运输 设备 制造业	电气机械 和器材 制造业	计算机通信 和其他电子 设备制造业	仪器仪表 制造业
2011	5.75	17.48	27.39	61.82	18.73	16.81	3.03
2012	13.91	12.72	29.11	59.77	21.9	17.29	3.33
2013	13.79	12.34	20.7	57.85	24.61	19.09	3.42
2014	8.61	9.15	17.32	33.47	23.84	27.16	1.86
2015	7.05	8.66	15.9	31.01	23.59	32.47	2.56
2016	6.41	7.7	13.89	30.47	24.13	41.42	0.51
2017	6.68	7.9	12.8	34.54	27.19	39.63	0.52
2018	10.99	9.4	11.29	34.59	24.36	44.4	0.55

资料来源：《陕西统计年鉴》，并经作者计算整理。

4.3.2　基于增长率产业分类法的分析

增长率产业分类法是按照产业在两个相邻时间段内增长速度的变化

来判断产业处于生命周期的具体位置。假设 A_1 和 A_2 分别为前一时期平均增长率和后一时期平均增长率，A 表示整个行业的平均增长率，其增长率产业图可以用图 4-16 表示，若某一细分产业 $A_1 > A_1$（整个行业平均增长率），同时 $A_2 > A$，则该细分产业位于图中 I 区域，为成长产业；若某一细分产业 $A_1 > A$，但 $A_2 < A$，则该细分产业位于图中 II 区域，是成熟产业；若某一细分产业 $A_1 < A$ 且 $A_2 < A$，则该细分产业位于图中 III 区域，为衰退产业；若某一细分产业 $A_1 < A$，但 $A_2 > A$，则该细分产业位于图中 IV 区域，属于发展产业。

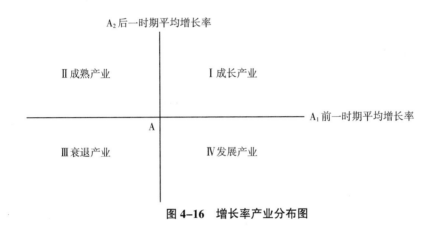

图 4-16　增长率产业分布图

这里选取了《陕西统计年鉴》中 2011~2018 年的陕西省装备制造业七个细分行业的工业总产值进行数据分析，将 2011~2014 年划分为前一时期，2015~2018 年划分为后一阶段。对各行业产值增长率进行计算，结果如表 4-18 所示。

表 4-18　2010~2017 年陕西省装备制造业七大细分行业产值增长率

单位：%

年份 \ 行业	金属制品业	通用设备制造业	专用设备制造业	交通运输制造业	电气机械和器材制造业	计算机通信和其他电子设备制造业	仪器仪表制造业
2011	115.96	13.04	1.08	7.04	−0.21	35.08	49.35
2012	24.00	6.52	16.95	2.02	24.76	−8.07	14.76

续表

行业 年份	金属制品业	通用设备制造业	专用设备制造业	交通运输制造业	电气机械和器材制造业	计算机通信和其他电子设备制造业	仪器仪表制造业
2013	32.83	16.89	16.05	19.06	26.03	3.64	9.44
2014	−14.23	0.08	−5.49	−13.22	13.60	3.88	−21.77
前一时期平均增长率 A_1	39.64	9.13	7.15	3.73	16.05	8.63	12.95
2015	0.24	3.64	18.50	−10.12	14.55	66.75	−35.22
2016	6.39	2.81	13.32	17.79	15.38	47.38	21.48
2017	14.24	−6.30	6.11	31.78	5.43	13.47	6.87
2018	37.31	−0.58	−6.89	6.82	6.99	5.89	28.6
后一时期平均增长率 A_2	14.54	−0.11	7.76	11.57	10.59	33.37	5.43

资料来源:《陕西统计年鉴》,并经作者计算整理。

根据表 4-18 中的数据,可以分别计算得出前一时期平均增长率 B_1 和后一时期平均增长率 B_2。

$B_1 = (39.64\% + 9.13\% + 7.15\% + 3.73\% + 16.05\% + 8.63\% + 12.95\%)/7 = 13.89\%$

$B_2 = (14.54\% - 0.11\% + 7.76\% + 11.57\% + 10.59\% + 33.37\% + 5.43\%)/7 = 11.88\%$

据此可以得出七大细分产业所处的产业生命周期的阶段,为简便分析过程,图中七个细分行业分别用国民经济行业分类中的代码来表示:金属制品业为 C34,通用设备制造业为 C35,专用设备制造业为 C36,交通运输制造业为 C37,电器机械及器材制造业为 C39,计算机通信和其他电子设备制造业为 C40,仪器仪表制造业为 C41。结果如图 4-17 所示:

根据我们的计算结果,通用设备制造业、专用设备制造业和交通运输设备制造业属于衰退产业;电气机械和器材制造业、仪器仪表制造业属于成熟产业;计算机通信及其他电子设备制造业属于发展产业;金属制品业属于成长产业。我们将这里的分析总结为以下几点:

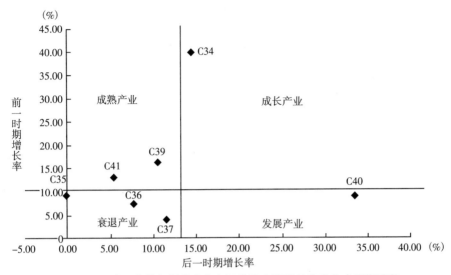

图 4-17　陕西省装备制造业七大细分行业所处的产业生命周期阶段

第一，通用设备制造业、专用设备制造业和交通运输设备制造业目前的工业总产值仍处于上升阶段，但其上升速度已明显低于行业平均水平。结合企业战略相关理论，这三个行业应该采取收割战略、撤退策略或寻找新的利润增长点。

陕西省通用设备制造业和专用设备制造业中大部分细分行业都呈现出集中度低、产品差异化程度小等特征，缺乏独特性与创新性。在这种市场环境之下，如何降低产品成本是提升企业竞争力的关键因素，企业只有在内部管理过程中加强对成本的管控，提升产品的独特性，才能在市场中占据有利位置。同时产品质量、产品营销、企业内部管理等都会影响到企业的发展。交通运输设备制造业虽然处于衰退阶段但仍然在陕西省装备制造业总产值中占据最大的比重 35.84%，这说明交通运输制造业在陕西省已经具有了一定的发展水平和规模，有较好的发展经验和管理基础，但其可持续成长性并不强。造成这种现状的原因，一方面是因为交通运输设备制造业的高速发展阶段已经过去了，整个行业目前处于成熟阶段，面临着从传统行业像新型行业转型的阶段；另一方面的原因是整个行业现阶段的运行管理模式存在着问题，与现行市场条件不匹配，行业盈利能力与产品创新能力有待提升。所以，提升行业经济运营质量与企业经营效率，促进企业升级转变，提高企业新技术研发能力，推动产业长远发展已迫在眉睫。

第二，陕西省的电气机械和器材制造业、仪器仪表制造业处于成熟阶段。

这两个行业在陕西省装备制造业总产值中的占比分别为 18.55% 和 2.15%，在七大细分行业分类中排名较后，这主要是因为这两个产业处于成熟阶段。该阶段的产品已经呈现出标准化态势，产品之间的差异也在逐步缩小，并且产品升级换代的步伐也开始减慢，所以这促使商家开始通过价格战来进行市场竞争。同时，该行业的规模已经达到了最大，生产技术也处于最完善状态，市场需求也达到了最大，已无再进一步扩大的可能。此时，如果想从技术创新角度来提升产品市场占有率是比较困难的，但企业仍不能放弃对新产品的开发研究。企业应避免因价格战而造成对企业利润的损失，通过营销策略尽量巩固自身市场份额同时提升投资报酬率。企业可以通过采取提升企业资源利用率或改进生产方式等途径降低成本支出，形成成本领先战略，也可实施产品集中化战略或产品差异化战略。

第三，通信设备、计算机及其他电子设备制造业最近几年发展迅速，新型的产业环境正在逐步成形，已经开始具有一定的规模，但仍处于不但完善阶段，产品还未形成完全的标准化，市场中还存在着许多潜在风险，市场前景也并不完全明朗。此时，政府应加大对这个行业的关注和支持，分析市场前景，对相关企业做出适度的指导，同时也可以出台一些政策扶持行业发展。行业内部企业也应为产品的标准化不断努力，扩大自身销售渠道，以低成本高质量赢得更多的关注。这个细分行业其产值占装备制造业总产值排名第三名，陕西省应着重关注这个行业，提高企业技术创新贡献率，促进产业可持续性发展。

第四，金属制品业在近八年来一直呈现着良好的发展趋势，占装备制造业总产值的 6.79%，虽然在整个装备制造业行业中所占比重不高，但纵观近几年的发展趋势，该行业占装备制造业总工业产值比重一直处于上升状态，说明该行业在这几年正处于一个逐步完善的状态。在当前的市场环境下，该类企业应尽快扩大市场份额，在巩固原有客户的同时，大力发展新客户，通过规模经济来降低企业成本，同时提高外来企业进入该行业的壁垒。

4.3.3　基于显示性比较优势指数的分析

显示性比较优势指数是通过计算一个国家某种商品出口额占其出口总值的份额与世界出口总额中该类商品出口额所占份额的比率来描述该产品在国际间的竞争力的一种方法。假设 X_{ij} 表示 J 国出口 i 产品的出口额，X_{tj} 表示 J 国家的出口总值；X_{iW} 表示世界出口 i 产品的出口额，X_{tW} 表示世界出口总额，其公式可表示为：

$$RCA_{ij} = (X_{ij}/X_{tj})/(X_{iW}/X_{tW}) \tag{4-1}$$

这一方法的判断依据为：当 RCA > 2.5 时，说明 J 国的 i 产品具有极强的竞争力，当 1.25 ≤ RCA ≤ 2.5 时，说明 J 国的 i 产品具有较强的国际竞争力，当 0.8 ≤ RCA ≤ 1.25 时，则说明 J 国的 i 产品具有中度的国际竞争力，当 RCA < 0.8 时，则表明该国服务竞争力弱。为了分析陕西省装备制造业七个细分行业的竞争状况，我们对这种方法进行变形，并选用陕西省装备制造业七个细分行业的相关数据和国家层面的总数据：

$$RCA_X = \frac{\text{陕西省七个细分行业中某行业主营业务收入/全国该行业主营业务收入}}{\text{陕西省装备制造业主营业务收入/全国装备制造业主营业务收入}}$$

$$\tag{4-2}$$

根据所收集到的数据，以及式（4-2）计算得出的 RCA 指数值如表 4-19 所示。

表 4-19 2017 年陕西省装备制造业七个细分行业 RCA 指数表

单位：万元

	全国主营业务收入	陕西省主营业务收入	RCA 指数
金属制品业	345751000	3412472.7	0.741829
通用设备制造业	383089000	4233483.6	0.830608
专用设备制造业	299200000	5520121.2	1.386708
交通运输设备制造业	952263000	19641567	1.550305
电气机械及器材制造业	646433000	9147225.7	1.063565
计算机通信及其他电子设备制造业	1076854000	7301771.5	0.509647
仪器仪表制造业	82065000	1110001.8	1.016632
总主营业务收入	3785655000	50366643.5	

资料来源：《中国统计年鉴》(2019)、《陕西统计年鉴》(2019)。

表 4-19 的计算结果显示，陕西省的专用设备制造业和交通运输设备制造业的 RCA 指数分别为 1.39 和 1.55，在 1.25~2.5 的范围内表明这两个细分行业在国内层面的竞争中具有很强的优势，可以将其作为陕西省装备制造业发展的一个突破口，借由这两个产业来将陕西省的其他产业带入到全国竞争的范围中去；电气机械及器材制造业、通用设备制造业和仪器仪表制造业的 RCA 指数分别为 1.06、0.83 和 1.02，这说明虽然该产业发展得不错，但在全国范围内的竞争中还无法做到脱颖而出，需进一步完善该产业的技术与产品；金属制品业和通信设备、计算机及其他电子设备制造业和 RCA 指数均小于 0.8，表明这两种制造业目前的发展都存在很多不足之处，这几个产业要想快速发展，为陕西省参与全国竞争提供帮助，还有很长的距离需要努力。

通过上述分析，我们可以看出，陕西省应大力支持专用设备制造业和交通运输设备制造业的发展，追随"一带一路"的东风，扩大这两个行业的市场范围，提高产品销量。同时，在第三次工业革命的背景下，提高产品的核心竞争力，使企业在市场中占据主动地位。

4.4　陕西省内各地区装备制造业发展现状

从陕西省内各地区的分布来看，陕西省装备制造业主要分布在西安、宝鸡、汉中、咸阳、渭南、铜川。为了对陕西省装备制造业有个全面深入的了解，我们将从行政区域分布角度，对陕西省装备制造业进行简要统计分析，并选取省内几个典型地区做进一步介绍。

4.4.1　陕西省装备制造业省内分布概况

陕西省装备制造业七个细分行业的分布具有明显的地域特点，我们将陕西省装备制造业七个细分行业的主要分布地区进行了统计，如表 4-20 所示。金属制品业、通用设备制造业和交通运输设备制造业主要分布于西安、宝鸡和汉中，计算机通信及其他电子设备制造业、仪器仪表制造业主要分布于西安、宝鸡，专用设备制造业主要集中于西安、宝鸡、渭南，电气机械及器材制造业主要集中于西安、咸阳。可以说，西安是陕西省装备制造业最大集聚区，陕西省装备制造业主要分布于以西安为中心的行政区域内。

表 4-20　陕西省装备制造业各行业分布

行业类别	主要分布地区
金属制品业	西安、宝鸡、汉中
通用设备制造业	西安、宝鸡、汉中
专用设备制造业	西安、宝鸡、渭南
交通运输设备制造业	西安、宝鸡、汉中
电气机械及器材制造业	西安、咸阳
计算机通信及其他电子设备制造业	西安、宝鸡
仪器仪表制造业	西安、宝鸡

　　高端装备制造业作为陕西省装备制造业的重点，其发展和布局也具有显著特征。近几年，陕西省装备制造业由传统模式向高端智能化、系统化方向转变，全省产业布局正在逐步完善。根据省统计局最近一次的调查统计数据显示，截至 2016 年底，全省规模以上高端装备制造企业数量已达到 166 家，全年完成的工业总产值为 912.2 亿元。按照陕西省政府的产业战略布局规划，高端装备制造业主要在西安、宝鸡、汉中三个区域进行发展。根据陕西省政府的指导规划，这三个区域的企业积极响应号召，在 2016 年，这三个区域的高端装备制造业工业产值已达到了全省高端装备制造业工业产值的 92.8%。据统计资料显示，陕西省已经阶段性形成了高端装备制造产业体系。西安市已基本建成经开区、高新区、国家民用航天科技产业基地、阎良国家航空高技术产业基地等为代表的工业园区，高端装备制造业的产业聚集效益已逐步成形；宝鸡市也在高档数控机床、重型汽车及其零部件、石油钻采及油气输送设备等领域不断努力，进行产业格局与产品技术的突破，借此来带动相关领域的共同进步，提升宝鸡市的经济发展水平；渭南高新技术产业开发区的 3D 打印产业培育基地也日益完善，带动了渭南印刷机械等产业的发展。

4.4.2　西安市装备制造业现状

（1）总体概况。

　　西安作为古往今来的重要经贸中心，在整个陕西省甚至整个西北地区而言，具有非常重要的引领和带动作用。自国家"一五"时期开始，西安便被国家作为西北地区的重要工业基地，以此来带动整个西北地区的经济发展。近些年来，西安市也积极发挥了其战略城市的作用，大力推行"工业强市"战略，重视工业产业在市场经济中的作用，特别是装备制造业，大力推行和引导装备制造业企业的战略转型，鼓励产业自主创新，不断调整和优化产业结构，目前陕西省的装备制造业企业正在顺应政府号召与市场变动，调整企业战略规划，向高端智能化产业升级改造。同时企业外部之间也在加强合作，形成完善的市场产业链，降低企业可能遭受的风险，使得整个行业可以在变动的市场环境下平稳运行。当年，"黄河""海燕""中华"等西安著名的产品品牌曾风靡整个中国，而如今随着市场需求的不断变化和企业规划的自我调整，一批以"陕汽"重卡、"法士特"变速箱、"康明斯"发动机为代表的新一代产品正走出陕西甚至走出中国，成为陕西省装备制造业发展的新一期代表。这一方面反映了西安装备制造业的快速发展，另一方面也反映了西安装备制造业的发展方向正在追随时代变化，向高端智能装备制造业发展。

（2）相关指标。

1）产值。

根据陕西省统计局最新公布的数据显示，2018 年西安市规模以上装备制造业总产值为 3378.5 亿元。如图 4-18 所示，自 2013 年以来，装备制造业的七个细分行业总产值都呈上升趋势，尤其是交通运输设备制造业、电气机械及器材制造业和通信设备、计算机及其他电子设备制造业这三个行业保持着快速的增长。在这样的背景下，西安市目前正在逐步形成以航空航天、汽车、节能环保装备等为主，其他装备制造业为辅的

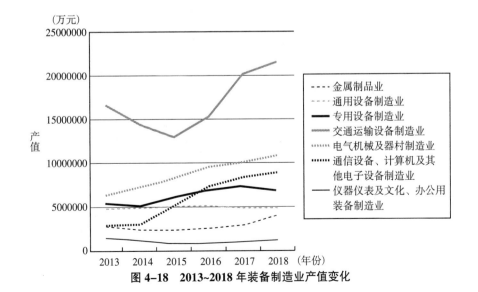

图 4-18　2013~2018 年装备制造业产值变化

高端装备制造业产业体系。一些企业，例如比亚迪、西电、陕汽、西飞等企业都已取得了生产总值超过百亿元的成就，这些先进企业将作为陕西省装备制造业企业发展的楷模，为发展西安市经济起着带头作用，带动同行业甚至上下游企业共同发展。

虽然西安市装备制造业整体产值及多数行业的产值均保持了增长态势，但根据统计局调查数据显示，整个西安市的装备制造业企业中只有七家企业的产值超过了百亿，2家企业进入"世界500强"，目前整个市场环境还是以小微型企业为主，这与东南沿海地区的发达城市相比有近3倍的差距。在装备制造业下的细分行业中，每个类别下的龙头企业数量偏少，对于促进区域产业链发展，带动产业规模力度不足。同时这2家进入"世界500强"的均为资源型企业，但因资源毕竟是有限的，且如何更加环保和高效地利用资源目前仍然是我们需要面对的一个难题。按照西安市政府五年内实现全国工业强市，十年实现全国中上水平的"西安制造"计划，目前还有很大的距离，尤其需要关注的是政府部门的战略规划思路和整体工作作风。近些年来相比沿海地区和一线城市在人才支出和其他方面费用的支出，西安当地的整个就业环境和费用支出都处于中等水平。在这样的背景下，当地政府提出了许多的招商引资计划，也有越来越多的大型企业关注到了西安的发展优势，但企业的进驻虽然在一定程度上带动了经济的增长，对于产业体系发展方向的带动作用却是极小的，因此政府在制定各种计划时，也应充分考虑到如何完善当地的产业体系。

2）企业数。

陕西省装备制造业七个细分行业在全省各地区的分布企业数从一定程度上代表了该地区装备制造业规模。由于2013年之前的相关数据缺失，我们统计了2013~2018年西安装备制造业七个细分行业的企业数，以及分别占全省的比重，如表4-21所示。从七个细分行业的企业数来看，在西安的分布比重相对较大，尤其是交通运输设备制造业、电气机

表 4-21　西安装备制造业 2013~2018 年企业数及占全省比重

单位：个，%

行业 年份	金属制品业		通用设备制造业		专用设备制造业		交通运输设备制造业		电气机械和器材制造业		计算机通信和其他电子设备制造业		仪器仪表制造业	
	企业数	占比	企业数	占比	企业数	占比	企业数	占比	企业数	占比	企业数	占比	企业数	占比
2013	61	47.29	63	33.51	97	46.19	88	52.07	96	55.17	56	59.57	35	83.33
2014	58	40.28	78	34.82	108	43.9	108	57.45	125	56.56	67	72.04	47	94
2015	54	34.84	80	33.76	109	39.93	109	55.61	123	52.34	72	69.23	52	91.23
2016	64	37.43	75	30.12	107	36.27	118	54.38	128	51	85	69.67	57	87.69
2017	82	42.05	85	35.86	122	38.73	132	54.77	142	55.47	92	67.65	55	85.94
2018	97	39.75	92	37.55	127	40.58	144	57.37	142	51.08	93	62.84	60	89.55

资料来源：《陕西统计年鉴》（2014~2019）、《西安统计年鉴》（2014~2019），并经作者计算整理。

械和器材制造业、计算机通信和其他电子设备制造业、仪器仪表制造业这四个行业，西安在该行业全省企业总数中占据一半以上的比重。这一分析结果进一步印证了西安是全省装备制造业的核心。

西安市在国家的战略发展指导和当地政府的具体统筹安排下，如今已建立了 11 个国家级装备制造业企业技术中心，74 家市级以上技术创新示范企业，300 多家军民融合创新型企业以及 2000 多项实施各类技术创新计划项目。同时西安也建成了全国唯一以大数据产业为主导的国家新型工业化产业示范基地和全国第二个国家级制造业创新中心。装备制造业的创新发展为整个陕西省提升自身装备制造业竞争实力，促进技术间的相互支撑带来了无限机遇。虽然西安市产业朝着多元化已初见成效，但行业产业链的发展和相应的配套体系还处于较为初级的阶段，相比于一线城市和沿海地区高达 60% 的产业配套率，整个西安的产业发展还有很大的上升空间。这促使产业内部很多产品不得不依靠市外、省外甚至国外进口，由此产生了产品成本上升，配套周期长等问题。

因此，西安在统筹发展，调整产业结构，优化产品性能，加速产能提升，大力推行行业智能化、高效率的产业进程的同时也应关注产业链的完善问题。将关注点由点及面，同时关注行业上游的原材料供应链、中游的装备制造业生产加工链和配套设施补给链以及下游的销售应用链。西安市在进行招商引资的同时也应关注整个产业链的发展情况，针对目前行业中存在的弱项进行有针对性的战略规划，引进该领域的先进企业进驻西安市，同时加强西安市企业与国内外优秀的装备制造业企业的交流合作，保持良好的信息交流渠道，以便实现相互之间的资源共享和产业互助。

4.4.3　宝鸡市装备制造业现状

（1）总体概况。

自"一五"计划开始，我国在宝鸡实施了一系列重点的工业项目，在经历了近七十年的发展之后，宝鸡市逐渐从当初的生产经营传统工业制造业转变到今天的新型工业强市。经过长期的发展，现在的宝鸡已逐渐形成了一些属于自身的优势产业，例如汽车零部件和钛及钛合金，尤其是钛及钛合金，在该领域，宝鸡已经取得了全国第一，世界第二的优秀成绩。不仅仅如此，宝鸡的汽车产业产值也已达到了全省汽车产业总产值的 1/3。目前，宝鸡市已经建成了 1 个国家级高新技术开发区、4 个省级开发区和 21 个工业集中区。同时，宝鸡积极探索校企合作模式，与清华大学、西安交通大学、南京理工大学、华中科技大学等诸多外地优秀的高等学府进行学术研究合作，结合双方不同的优势成立了许多科研中心和创新平台，为宝鸡地区的技术创新带来了机遇，加速了当地装备制造业企业的转型升级，奠定了整个行业的高质量发展方向。宝鸡市如今已有 7 个行业，共计 22 种产品的核心技术达到了国内外领先水平。

2019 年，宝鸡市政府将更多的关注点投向了高新区高铁新城、综合保税区、科技新城等地区，加大对该地区的项目支持，将传统装备制造业向智能装备制造业转型升级这一机遇作为突破口，延伸产业链条，优化产业园区功能。同时当地政府也继续关注目前已取得一定成绩的钛及钛合金产业、高端装备制造业和汽车及零部件制造业，希望这三个产业能为当地产业的发展起到引领作用，带动其他产业的发展。结合目前已逐渐形成的新兴产业链，宝鸡市将计划持续关注优势产业，强化已形成的产业链结构，扩大产业链上下游企业数量与质量。同时拓展新的行业，例如目前已启动的"伐鱼河湿地公园"项目，计划建立 5000 亩的湿地公园，完善当地的生态文明建设，与当地的工业规划布局相互辉映，形成新的产业格局。在"一带一路"的战略规划下，宝鸡借助这一东风，加快实现自身建立国际化城市的目标。2019 年 7 月 10 日上午，陕西省国资委、陕西省工信厅、陕西省教育厅、陕西省发改委、陕西省科技厅与宝鸡市政府举行了《省市共促宝鸡制造业高质量发展战略合作协议》的签约仪式，旨在共同促进宝鸡市制造业高质量长远发展，使宝鸡市尽快建成装备制造业名城。

（2）主要经济指标。

考虑数据可获得性和指标代表性，这里根据宝鸡市第四次全国经济普查公报相关统计数据，收集整理了企业单位和从业人员数、资产和营业收入、R&D经费支出及占营业收入比重。通过这些指标数据来反映宝鸡市装备制造业的规模和发展一般情况。

1）企业单位数和从业人员数。

根据宝鸡市第四次全国经济普查公报中按行业大类分组的工业企业单位数和从业人员数，整理宝鸡市装备制造业七个细分行业的相关数据，如表4-22所示。

表4-22 2018年宝鸡市装备制造业七个细分行业企业单位数和从业人员数

单位：家，人

行业类别	企业单位数	从业人员数
金属制品业	517	8944
通用设备制造业	1069	23774
专用设备制造业	363	12873
交通运输设备制造业	222	32282
电气机械及器材制造业	196	6202
计算机通信及其他电子设备制造业	136	13061
仪器仪表制造业	42	3011

资料来源：宝鸡市第四次全国经济普查公报（第三号）。

根据表4-22的数据，七个细分行业中通用设备制造业的企业数最多，远远高于第二位的金属制品业，仪器仪表制造业的企业数最少，仅为42家。交通运输设备制造业的从业人员数最多，其次为通用设备制造业，最少的为仪器仪表制造业。这一统计结果与各行业企业数的统计结果并不一致，这也说明各行业的企业规模不尽相同。交通运输设备制造业的多数企业规模较大，而金属制品业、通用设备制造业的小规模企业较多。同时，2018年末，宝鸡市全市工业企业单位数为6319家，从业人员共计为 238634 人①，而宝鸡市装备制造业企业数总计为 2545②，从业人员数总计为 100147③，占全市工业企业总数和从业人员总数的比重分别为 40.28% 和 41.97%。这说明宝鸡市装备制造业在全市工业企业中占据绝对比重，为全市经济发展贡献了支柱力量。

2）资产和营业收入。

根据宝鸡市第四次全国经济普查公报中按行业大类分组的工业企业单位的资产和营业收入统计，整理宝鸡市装备制造业七个细分行业的相关数据，如表 4-23 所示。

表4-23　2018 年宝鸡市装备制造业七个细分行业资产和营业收入

单位：亿元

行业类别	资产总计	营业收入
金属制品业	58.81	44.08
通用设备制造业	172.97	121.83
专用设备制造业	187.46	117.63
交通运输设备制造业	495.53	580.16
电气机械及器材制造业	52.63	43.11
计算机通信及其他电子设备制造业	127.01	89.4
仪器仪表制造业	36.27	25.01

资料来源：宝鸡市第四次全国经济普查公报（第三号）。

由表 4-23 中数据可知，交通运输设备制造业的资产规模最大，为 495.53 亿元，营业收入也居七个细分行业中的第一位，这两项分别超出该项第二位的 1.64 倍和 3.76 倍；仪器仪表制造业的资产规模和营业收入则均为七个细分行业最低。这一分析结果与前文各行业企业数和从业人

---

① 数据来源：宝鸡市第四次全国经济普查公告（第三号）。
② 该数值为表 4-22 中七个细分行业企业数之和，即 517+1069+363+222+196+136+42＝2545。
③ 该数值为表 4-22 中七个细分行业从业人员数之和，即 8944+23774+12873+32282+6202+13061+3011＝100147。

员数的分析结果几乎是一致的，印证了交通运输设备制造业的企业规模较大的结论。同时，2018年末，工业企业单位资产总计3166.66亿元，全年实现营业收入3025.12亿元[①]，而装备制造业企业资产总计为1130.68[②]亿元，营业收入总计1021.22[③]亿元，分别占工业企业资产总额和营业收入总额的35.71%和33.76%。宝鸡市装备制造业的营业收入与其资产规模占宝鸡市工业企业的比重基本上是一致的。同时，宝鸡装备制造业的从业人员数占工业企业从业人员数的比重高于其资产规模所占比重，说明装备制造业为宝鸡市就业做出了较大贡献。

3）R&D经费支出。

根据宝鸡市第四次全国经济普查公报我们梳理了宝鸡市2018年装备制造业R&D经费支出及其占营业收入的比重，如表4-24所示。

表4-24　2018年宝鸡市装备制造业R&D经费支出及占其营业收入比重

单位：万元，%

行业类别	R&D经费支出	R&D经费支出占营业收入比重
金属制品业	8684.4	2.49
通用设备制造业	87957.2	8.47
专用设备制造业	25529.5	2.34
交通运输设备制造业	52539	1.41
电气机械及器材制造业	4284.5	1.12
计算机通信及其他电子设备制造业	35441.7	4.11
仪器仪表制造业	889.1	0.37

资料来源：宝鸡市第四次全国经济普查公报（第六号）。

表4-24中统计数据显示，通用设备制造业的R&D经费支出最多，其次为交通运输设备制造业，最少的为仪器仪表制造业。2018年，全市

① 数据来源：宝鸡市第四次全国经济普查公告（第三号）。
② 该数值为表4-23中七个细分行业资产相加之和，即58.81+172.97+187.46+495.53+52.63+127.01+36.27=1130.68。
③ 该数值为表4-23中七个细分行业全年营业收入相加之和，即44.08+121.83+117.63+580.16+43.11+89.4+25.01=1021.22。

规模以上工业企业 R&D 经费支出 32.07 亿元[①]，装备制造业 R&D 经费支出总额为 215325.4[②] 万元，占工业企业 R&D 经费支出总额的 67.14%。从各行业 R&D 经费支出占营业收入的比重来看，通用设备制造业的比重最大，为 8.47%，其次为计算机通信及其他电子设备制造业，最低的为仪器仪表制造业。据统计，2018 年全市规模以上工业企业 R&D 经费与营业收入之比为 1.24%[③]。七个细分行业中，只有电气机械及器材制造业、仪器仪表制造业的 R&D 经费支出占营业收入比重值低于该比重，其余行业均高于 1.24%。这一分析结果说明，宝鸡装备制造业整体上比较重视研发创新，在整个宝鸡工业企业中属于研发创新的积极引领者。

4.4.4　汉中市装备制造业现状

（1）总体概况。

汉中市的装备制造业的主要发展阶段是从"三线建设"时期开始的，当时为响应政府的规划安排，有 20 多个主营装备制造业的企业由其他地区开始向汉中进驻。经过这些年来的不断发展，汉中市的装备制造业已由原来的 20 多家企业迅速扩张到现在的 400 多家企业，并且该行业的产业结构也在不断完善，航空航天零部件制造、机床加工设备制造、智能化产品等装备制造业体系正在逐渐形成，由此也逐渐形成了一批"特、专、新、精"配套企业集群。目前，装备制造业已经成为汉中市的支柱产业之一，该行业的发展也为其他行业的发展奠定了基础。

近几年，汉中市大力推行产城融合、军民融合，全面贯彻落实"工业强市"战略，并围绕着"六大产业"集群，建设了一批工业集中区，以期待产业间相互合作，带动当地经济共同发展。汉中市还具有国内著

---

① 数据来源：宝鸡市第四次全国经济普查公告（第六号）。

② 该数值为表 4-24 中七个细分行业 R&D 经费支出之和，即 8684.4+87957.2+25529.5+52539+4284.5+35441.7+889.1=215325.4。

③ 数据来源：宝鸡市第四次全国经济普查公告（第六号）。

名的陕西航空技术学院和陕西航空职业技术学院，这两所学校主要培养方向是装备制造业工程师和高级技术工人，其所学课程基本涉及制造业的各个方向，目前在校人数超过一万人。依托这两所学校的教育资源，汉中市为本市甚至陕西省输送了诸多人才。

（2）相关指标。

1）产值。

2015 年汉中市装备制造业产值为 199.13 亿元，2019 年汉中市装备制造业产值增长至 420.94 亿元，增长了 111.39%，短短四年时间，如此大的增幅还是比较醒目的。从每年的增速来看，除了 2019 年增速为 10.2% 外，其余年份的增速均保持在 17% 以上。由此可见，装备制造业对汉中市工业产值的贡献是逐渐增强的。

表 4-25　2015~2019 年汉中装备制造业产值及相比上年增速

单位：亿元，%

年份	2015	2016	2017	2018	2019
产值	199.13	249.79	322.24	385.82	420.94
相比上年增速	19.9	23	28.5	17.9	10.2

资料来源：2015~2019 年汉中市国民经济与社会发展统计公报。

通过对该市相关数据和政策的分析，在该市的整个装备制造业行业中，仪表仪器机密制造业、特种和稀有材料制造业和强机电一体化设备制造业是政府重点关注的三大产业，围绕着三大高新技术装备业，形成产业化基地。其中，仪表仪器机密制造业是以航空设备制造为中心，大力发挥航空电子制造企业在陕西省的区域集中优势，利用企业之间的战略合作，大力发展高性能电子装备、自动化装置等新型产品，带动了一系列高新技术装备企业的发展。

2）企业单位数和从业人员数。

根据汉中市第四次全国经济普查公报中按行业大类分组的工业企业单位数和从业人员数，我们梳理了汉中市装备制造业七个细分行业的相关数据，如表 4-26 所示。

表 4-26　2018 年汉中市装备制造业七个细分行业企业单位数和从业人员数

单位：家，人

行业类别	企业单位数	从业人员数
金属制品业	167	5057
通用设备制造业	224	4994
专用设备制造业	73	1880
交通运输设备制造业	46	23491
电气机械及器材制造业	47	2439
计算机通信及其他电子设备制造业	49	3484
仪器仪表制造业	19	973

资料来源：汉中市第四次全国经济普查公报（第二号）。

　　由表 4-26 中数据可知，汉中装备制造业七个细分行业中的通用设备制造业的企业单位数相对最多，占到 224 家，其次为金属制品业，167家，仪器仪表制造业最少，只有 19 家。2018 年末，全市共有工业企业单位 3325[①] 家，装备制造业企业单位 625[②] 家，装备制造业企业单位占全市工业企业单位总数的 18.8%。从业人员数方面，交通运输设备制造业的从业人员最多，为 23491 人，占到装备制造业从业人员总数的一半以上。七个细分行业中从业人员数第二位的是金属制品业，人数最少的为仪器仪表制造业。2018 年末，全市共有工业企业从业人员总计 130843[③] 人，装备制造业企业从业人员总计为 42318[④] 人。装备制造业企业从业人员占全市工业企业从业人员总数的 32.34%。

　　3）资产和营业收入。

　　根据汉中市第四次全国经济普查公报中按行业大类分组的工业企业

---

① 数据来源：汉中市第四次全国经济普查公告（第二号）。
② 该数值为表 4-26 中七个细分行业企业单位数之和，即 167+224+73+46+47+49+19=625。
③ 数据来源：汉中市第四次全国经济普查公告（第二号）。
④ 该数值为表 4-26 中七个细分行业企业从业人员数之和，即 5057+4994+1880+23491+2439+3484+973=42318。

单位的资产和营业收入统计，我们整理了汉中市装备制造业七个细分行业的相关数据，如表 4-27 所示。

表 4-27　2018 年汉中市装备制造业七个细分行业资产和营业收入

单位：亿元

行业类别	资产总计	营业收入
金属制品业	21.48	45.41
通用设备制造业	28.36	29.04
专用设备制造业	6.43	15.37
交通运输设备制造业	211.89	203.18
电气机械及器材制造业	22.19	27.27
计算机通信及其他电子设备制造业	3.65	11.07
仪器仪表制造业	10.52	11.99

资料来源：汉中市第四次全国经济普查公报（第二号）。

表 4-27 中数据显示，汉中市装备制造业中的交通运输设备制造业的资产规模最大，为 211.89 亿元，相当于第二位——通用设备制造业资产总额的近 10 倍，占到全市装备制造业资产总额的 2/3 以上。七个细分行业中，计算机通信及其他电子设备制造业的资产规模最小，除此之外，专用设备制造业的资产规模也处于比较低的水平。从全年实现营业收入来看，交通运输设备制造业最多，其次为金属制品业，计算机通信及其他电子设备制造业最少。2018 年末，工业企业单位资产总计 1382.44[①] 亿元，全市装备制造业资产总计 304.52[②] 亿元，占全市工业企业资产总计的 22.03%。2018 年，全市工业企业全年实现营业收入 1575.12[③] 亿元，装备制造业企业全年实现营业收入总计 343.33[④] 亿元，占全市工业企业营业收

① 数据来源：汉中市第四次全国经济普查公告（第二号）。
② 该数值为表 4-27 中七个细分行业资产总计，即 21.48+28.36+6.43+211.89+22.19+3.65+10.52=304.52。
③ 数据来源：汉中市第四次全国经济普查公告（第二号）。
④ 该数值为表 4-27 中七个细分行业企业营业收入之和，即 45.41+29.04+15.37+203.18+27.27+11.07+11.99=343.33。

入总额的 21.8%。

（3）发展空间。

根据相关数据和资料的统计分析，汉中市装备制造业的发展空间还是比较大的。近年来，汉中市政府持续关注当地的装备制造业发展状况，大力扶持相关企业的科技创新，为企业的发展规划提供积极的引导，促进当地企业的转型升级，使得企业能紧追市场发展的方向。目前，汉中市的产业集群效应已初步成型，汽车及零部件、机床与工具、智能仪表等行业发展态势呈现积极状态，其技术能力也再向"特、专、新、精、智"等方面提升发展。装备制造业的整体行业规模都呈上升趋势，逐渐成为了汉中市重要的支柱产业之一。目前，国家电网输配电设备、大型精密机床及复杂刀具、金属制品、油气田专用设备、航空高技术及产品、智能仪器仪表、节能与新能源整车及零部件、新型电子设备等都是汉中装备制造业发展的重点方向。

随着我国工业强国理念的逐步落实，装备制造业的发展也受到了越来越多人的关注，这也为汉中市装备制造业的发展带来了前所未有的机遇。《中国制造 2025》《〈中国制造 2025〉陕西实施意见》《〈中国制造 2025〉汉中实施方案》等政策的相继出台，为汉中市装备制造业的发展做出了明确且符合市场发展的规划。再加上汉中市的交通运输渠道不断完善。目前汉中已形成了完善的公路交通网络和铁路交通网络，而以陕西省副枢纽机场为目标的航空网络正在逐步建成。各种运输方式的不断完善与相互衔接使得汉中的交通枢纽作用进一步凸显。基于便利的交通，使得当地企业与外部优秀企业之间的联系进一步加强，可将该市未完全能利用的装备制造业潜能进一步释放，同时也为该市的招商引资提供了优势，这将会吸引更多更好的项目、使更多优秀的企业落户汉中，全面促进汉中装备制造产业的发展。

4.4.5　渭南市装备制造业现状

（1）总体概况。

渭南市地处陕西关中平原，地势宽广开阔，紧挨着黄河最大的分支河流——渭河。渭南市作为陕西省的"东大门"，从古就有"三秦要道，八省通衢"的美称，这也体现它优越的地理位置和四通八达的交通网络系统。从 1960 年开始，渭南的装备制造业就开始了它的发展之路。陕西印刷机械厂、陕西压延设备厂等企业开始在渭南建厂发展，并逐渐成为渭南的装备制造业代表企业，在国内市场上取得一定优势。经过了多年的发展，目前的装备制造业已在渭南的经济发展中发挥着举足轻重的作用。渭南市拥有丰富的自然资源，其中包括矿产资源、地热资源、水资源、土地资源等，同时渭南市还拥有便利的交通条件和强大的电力基础设施，这些都为渭南的装备制造业发展提供了保障。基于上述优势，渭南正在加紧步伐建成以纺织机械制造、节能环保设备制造、印刷装备制造、煤矿机械制造、工程机械制造为主的五大传统装备制造产业集群，并且不断扩大产业集群区域，例如高新区、经开区、卤阳湖开发区、韩城经开区等。同时，渭南市政府还通过优化招商引资政策，引进了一批优秀的装备制造业企业，进一步促进了渭南新兴装备制造业的发展，也加快了渭南传统装备制造业的升级转型进程。

在当地政府的大力支持和企业的不断努力之下，渭南市装备制造业目前已经形成部分产业集群，为进一步发展产业链延伸提供了保障。纵观渭南装备制造业的整个发展态势，我们可以发现新型装备制造业将会是渭南的主要发展方向，并且这一方向的发展在渭南市已经初见成效，对渭南市的整体经济起到了正面积极的作用，可以预测在未来该行业将会为渭南经济发展起到更大的作用。

（2）相关指标。

根据渭南市国民经济与社会发展统计公报，我们整理了装备制造业和规模以上工业企业 2012~2019 年的产值，具体如表 4-28 所示。

表 4-28　2012~2019 年渭南市规模以上工业企业和装备制造业产值

单位：亿元

年份	2012	2013	2014	2015	2016	2017	2018	2019
装备制造业产值	92.45	93.58	108.75	125.59	150.74	240.3	232.68	246.64
规模以上工业企业产值	1578.2	1728.47	1883.48	1975.94	2141.88	2113.6	1969.62	2059.28

资料来源：2012~2019 年渭南市国民经济与社会发展统计公报。

　　由表 4-28 中统计数据可知，2012~2019 年渭南市规模以上工业企业与装备制造业的产值基本上呈现增长态势，且两者变动趋势几乎一致。2012 年规模以上工业企业和装备制造业产值分别为 1578.2 亿元和 92.45 亿元，截至 2019 年，两者产值分别增长至 2059.28 亿元和 246.64 亿元，增长了 30.48% 和 166.78%，渭南市装备制造业产值增幅远超过工业企业产值增幅。同时，2012 年装备制造业产值在渭南市工业企业总产值所占比重为 5.86%，2019 年该比重提升至 11.98%。这一分析结果说明渭南市装备制造业在渭南市工业企业中的重要性程度是逐年增加的。装备制造业作为渭南市的支柱产业之一，其工业产值占总工业产值的比重不足 12%，说明装备制造业未能发挥其战略作用，对其他工业企业的发展也未能形成带动作用。

　　同时，据相关统计数据显示，截至 2019 年底，渭南市仅有 92 家规模以上的装备制造业企业。从装备制造业内部行业产值分布来看，电气机械和器材制造业产值占比最高，其中 14 户企业合计完成工业总产值 93.59 亿元，专用设备制造业完成工业总产值 59.95 亿元，通用设备制造业完成工业总产值 44.06 亿元。[1] 在这 92 家装备制造业公司中，小型企业

---

[1] 数据来源：渭南政法网相关报道，网址：http://www.wnzfw.gov.cn/c/2019/1228/745993.shtml。

居多，个别大型企业也都是外地上市公司或央企的分支企业，其发展规划受到母公司或上级公司的管理控制，能为当地行业发展做出的贡献始终有限。该行业缺乏本地自有的能结合当地市场环境特征的，为当地的产业发展起到带头促进作用的龙头企业。

（3）发展空间。

近年来，装备制造业作为工业经济发展壮大的主力军，从企业规模到发展质量都得到一定程度的提高，持续助力全市工业经济稳步增长。虽然渭南市的装备制造业发展态势良好且已取得一定的初步成果，但因为产业发展基础相对较弱，目前仍处于"规模小""布局散""实力弱""价值低""支撑少"的状态，缺乏优秀企业引领和带动区域行业快速发展，这使得该市在装备制造业发展方面与其他先进城市还存在较大距离。渭南市的装备制造业已涉及多个领域，其中包括航空航天零件加工业、印刷机械业、煤炭设备加工业、冶金机械等传统产业，也有3D打印产业、新能源汽车行业、工业机器人产业等新兴产业。但短期来看，虽然政府在积极引导3D打印、新能源汽车等行业的发展，但其在整个装备制造业中所占的经济比重并不大。渭南市装备制造业发展涉及的领域较多，以中小企业为主。未来发展过程中可以形成大企业为引领，某一行业突出发展的格局。

同时，渭南市大多数装备制造企业处于发展的初级阶段，企业位于价值链的较低层级，并且该类企业产品的主要客户群体是中低档市场，该市场环境中产品差异性小，很容易被其他商品所替代，所以这类企业在市场中并没有独一无二的优势，这类企业缺乏高技术含量、高附加值的产品，以巩固其市场份额，扩大其市场优势。为促进装备制造业更快发展，渭南市政府提出来"工业兴市，装备制造业强市"的战略，强化顶层设计，切实加强对渭南装备制造业发展的整体谋划和组织领导，成立了渭南市装备制造业领导小组，积极主动的协调各部门关系，建立相应的工作协调机制，加强工作统筹安排。创新经济运行手段，充分利用市场和政府"两只手",积极应对复杂的经济形势和不确定的市场因素,帮助企业理清发展思路,进行科学决策,逐步形成科学有效的工作体系。

4.5　陕西省装备制造业与其他产业的对比

根据陕西省工业经济的发展趋势与前景规划,2017 年起陕西省政府以《〈中国制造 2025〉陕西实施意见》为引领,将原陕西省的八大支柱行业调整为以现代化工、汽车、航空航天与高端装备制造、新一代信息技术、新材料和现代医药为主的六大支柱产业,以此来推动陕西省经济的快速发展。从这一规划变更,我们可以发现陕西省的产业结构在逐渐调整,行业内部的各种情况也发生了变化。

4.5.1　陕西省内分行业生产总产值对比分析

根据我国发展西部产业的战略布局,陕西省一直都是备受关注的工业基地。经历了"一五""二五"和"三线建设"时期的发展,目前陕西省的工业发展态势呈现平稳快速的发展趋势,已实现了由全国中下游的排名到现在中上游的重要飞跃,这一变化为陕西省的工业发展传递出了积极的信号,也为陕西省工业发展的后续增长打好了基础。工业产业作为陕西省的重要行业,从国家基础建设初期到现在一直对陕西省的经济发展起着支撑作用,如图 4-19 有关各行业生产总值增加值能够对此加以很好的诠释。

通过图 4-19 可以很清晰地反映出,2010~2018 年,陕西省工业行业的生产总值增加值一直远远领先于其他行业。从自身对比来看,除 2015年相比前一年略有下降外,行业生产总值都相较前一年有巨大增幅,这充分体现了工业在陕西省的绝对核心地位。在工业行业中最重要的为装

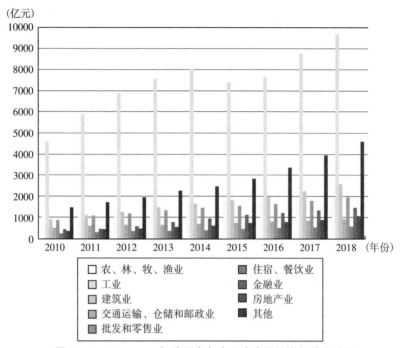

图4-19　2010~2018年陕西省各产业生产总值增加值变动图

备制造业，通过前面基于陕西省装备制造业整体的现状分析可以很容易得知。同时，图中显示其他行业的增加值变动都处于波动状态，且均远远低于工业行业。因此，这也反映出一个问题，就是以装备制造业为代表的工业与其他行业间的差距非常大，体现了一种不协调。而在装备制造业的进一步发展过程中，需要其他行业的配合，各行业逐渐结合形成一条完善的发展链条。在带动其他行业发展的同时，吸收其他行业的先进技术、先进理念、管理模式等。

4.5.2　陕西省工业体系内行业总产值对比分析

工业是陕西省经济发展的主阵地，在陕西省国民经济中发挥着巨大作用，而工业总产值则是反映一定时间内工业生产总规模和总水平的重要指标。这里我们选取陕西省统计局划分的工业体系中近几年总产值前五的行业，如图4-20所示。

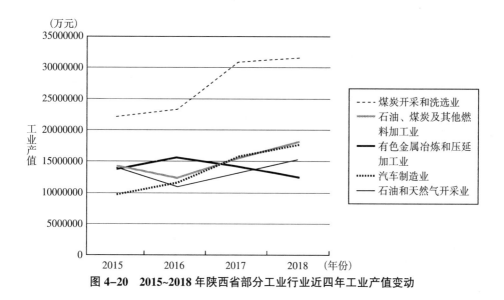

图 4-20　2015~2018 年陕西省部分工业行业近四年工业产值变动

图 4-20 显示煤炭开采和洗选业产值位居第一位，一直遥遥领先于其他行业，其余四个行业的产值都有或多或少波动。由此可见，陕西省工业发展在很大程度上还依赖于自然资源为基础的能源行业。装备制造业虽然在陕西省具有相当规模，但七个细分行业均未能超过能源行业，工业产值变动前五位的行业中唯有汽车制造业属于陕西省装备制造业。同时，汽车制造业的产值呈现了一贯的上升趋势，这与近年来陕西省加大汽车制造业的促进力度有关。目前，陕西省的汽车产业已经初具规模，尤其是新能源汽车，其销售产量已位居全国前列。汽车产业拥有了较好的产业和技术基础，完全有条件成为继能源化工之后新的支柱产业，也应该成为带动装备制造业深入发展，降低陕西省工业体系对能源行业过度依赖的主要助推力量。

4.5.3　陕西省内工业行业平均用工人数对比分析

就业环境为人民提供着可靠的后勤保障，要想经济平稳运行，良好的就业环境是不可或缺的。工业企业作为我国提供就业岗位最多的行业之一，它的发展则会带动行业就业人口的增多和员工工资的增加，这无论是对个人还是对社会都是具有极大好处的。为此，我们对陕西省工业体系中平均用工人数位列前五的行业近四年的用工人数变动绘制成折线图，如图 4-21 所示。前五位的行业中只有汽车制造业属于陕西省装备制造业，第一位的仍旧为煤炭开采和洗选业。同时，观察图中各行业用工人数变动趋势，我们可以发现，陕西省平均用工人数前五的工业行业近四年来用工人数都处于逐渐下降的状态。

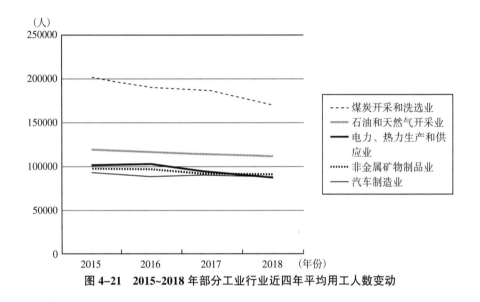

图 4-21　2015~2018 年部分工业行业近四年平均用工人数变动

　　虽然用工人数处于下降趋势，但近几年，在国家的政策规划和陕西省政府的大力支持下，汽车制造业的发展态势很好，陕西省的汽车制造业已在全国占有一定的位置，且装备制造业发展态势良好。因此，就提供的就业岗位而言，以汽车制造业为代表的陕西省装备制造业较其他行业能提供更多的就业机会来保障社会人员的就业安置，为居民生活提供了部分保障。但不得不提的是，随着科技的进步，未来科技将会替代一部分重复的劳动力，所以低端劳动力的减少将是一个必然的趋势，需要更多的是高端人才和科技型人才。

4.5.4　陕西省内工业行业利润总额对比分析

企业建立的本质目标就是获利，行业的获利能力则更能反映出某一阶段该行业内大部分企业的运营情况和行业的发展状况。这里我们选取了陕西省工业体系中 2015~2018 年平均利润总额最高的六个行业，并将其逐年利润变动绘制成折线图，如图 4-22 所示。

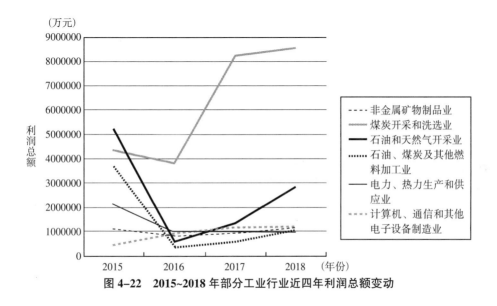

图 4-22　2015~2018 年部分工业行业近四年利润总额变动

由于陕西省的自然资源丰富，所以能源开采、煤炭产品加工一直以来都是陕西省的重要经济来源。近些年来陕西省充分利用这一自然优势，原煤产量稳居全国第三。目前陕西省煤炭能源行业产品种类丰富，已基本覆盖了该行业所有的终端产品，这使得对于煤炭行业的依赖性进一步增大。如图 4-22 所示，煤炭的开采能为陕西省的工业发展带来极大的利润。随着近几年国家生态文明建设的不断实施，对于环境保护也有了更高的要求，整个煤炭开采行业的发展呈现科学化、智能化、绿色环保的发展趋势，陕西省煤炭行业一方面为市场提供着优质的煤炭资源，另一方面也为陕西省经济发展提供着支撑作用，这促使煤炭行业在我省工业产业中的地位进一步巩固。

相较于煤炭行业，装备制造业中的计算机通信和其他电子设备制造业在目前产生的利润并不如煤炭行业，但其未来的前景是无限的。计算机通信和其他电子设备制造业在陕西省的发展时间并不长，但顺应着我国计算机、通信和其他电子设备制造业快速发展这一东风，陕西省进一步引进大型企业和关联性强的产业链，推动地区工业园区的建立，进一步提升地区产业聚集度，最大化的发挥产业集群效应，这些措施都为该行业发展带来了机遇。相对于目前的利润总额不高这一现象，我们有理由相信这只是暂时的，未来该行业的潜力是无穷的。

4.6　陕西省装备制造业发展的优势与问题

本章前面内容对陕西省装备制造业的发展现状从整体、分行业、省内地区、与其他产业对比等角度进行了分析。我们发现陕西省装备制造业在当前发展环境下面临诸多机遇，同时自身也存在许多问题。

4.6.1　陕西省装备制造业面临的机遇

（1）地区资源优势。

陕西省位于我国中部位置，是我国邻接省市最多的内陆省之一，东西部地区在此相交，并且拥有"两环三纵六辐射七横"的高速网络，交通便利。同时陕北地区拥有丰富的自然资源，例如煤炭、石油、天然气等，是国家重要的能源化工基地。而西安作为陕西省的省会城市，西北地区的经济贸易中心，其辐射范围涉及整个西北地区。陕西省也是一个教育大省，拥有雄厚的高等教育资源。根据 2018 年资料显示，全省有 108 所高等院校，各类大学生 155 万人，24 个国家重点实验室和 155 个陕西省重点实验室。陕西省装备制造业在技术和人力资源的投入方面也处于全国前列，科研人员所占比重也高于全国平均水平，这正是体现了陕西省科教大省的特征。目前，陕西省装备制造业在国家和省政府的大力扶持下，产业聚集化发展趋势也日益明显，已形成了行业内龙头企业牵头，发挥带动作用，同行业其他企业相互协作的模式，使得产业链不断完善，行业配套设施水平有不断提升，装备制造业产业集群模式发展态势良好。装备制造业产业园区的建设也日趋完善，西安经济技术开发区、西安国家民用航天产业基地、西安阎良国家航空产业基地、宝鸡蔡家坡经济开发区专用车基地等国家级产业示范基地积极带动周边相关产业和区域发展。同时，陕西省政府还制订了相应的税收优惠政策，对以比亚迪、法士特、陕汽等为首的制造业企业进行税收优惠政策，缓解了该类企业由于整个宏观环境的变化和上游企业对于该类产品的需求量的降低而引起的装备制造业的行业动荡。陕西省政府还投入了大量资金，引导和鼓励企业的创新发展，例如对西安交通大学、陕西通力专用汽车公司的部分项目提供贷款贴息补助。这一系列举措都极大地调动了装备制造业企业创新发展的积极性，推动行业发展，为陕西省装备制造业做大做强打下了良好的基础。

（2）政策优势明显。

2015 年 3 月中央公布了《推动共建丝绸之路经济带和 21 世纪海上丝绸之路的愿景和行动》，西安作为该项政策的重要城市，拥有极大的战略优势。陕西省充分发挥自身"一带一路"倡议中的优势地位，顺应时代的趋势，大力发展对外贸易，鼓励本省企业走出去，扩大对外投资规模和领域，同时也不断引进外资企业。2019 年 1~5 月，西安市从外地引进资金投入为 1549.02 亿元，完成了全年引入资金总额的 45.21%，占该段时期内全省引入外资金额的 38.5%；而该笔金额中使用了 31.25 亿美元，已完成了全年使用外资金额的 45.3%。随着外商资金的引入，一些优秀的技术和人才也开始被引入陕西省，陕西省传统装备制造业开始向智能装备制造业转型。按照陕西省政府的统筹与规划，西安市高新区与经开区、渭南高新区与经开区、宝鸡高新区等地区都开始大力推行装备制造业产业升级与变革，加快传统制造业向科技化、智能化、高产化、低耗能等方向转化，促进陕西省向建设高端装备制造业强省发展。

4.6.2　陕西省装备制造业面临的挑战

（1）专业人才不足。

从总体上来看，陕西省装备制造业为陕西省产值贡献了一定的力量，对推动陕西省经济发展起到了不可替代的引领作用，但从陕西省装备制造业企业数和从业人员数的分析来看，2011~2018 年，陕西省装备制造业的企业数呈现逐年递增的趋势，但陕西省装备制造业从业人员数占陕西省规模以上工业企业从业人员总数的比重基本上呈现了下降的趋势。企业数与从业人员数变动趋势不一致的现象，说明陕西省装备制造业存在人才供给不足的问题，且每年从业人员数波动较大，说明陕西省装备制造业可能存在着人才流失问题。在陕西高校林立、科研院所众多的环境下，如何保证装备制造业人才供给充足，真正发挥其对装备制造业发展的推动作用，需要我们好好思考。

（2）七个细分行业发展不均衡。

七个细分行业的差距较大，发展极度不均衡，尤其是发展最好与最差的行业差距天壤之别。无论是整体角度对七个细分行业的分析，还是分地区对七个细分行业的分析，交通运输设备制造业均表现出明显的发展优势和发展潜力，且产值、利润、资产规模、从业人员等各个方面几乎全部远超居于第二位的行业。在我们关注交通运输设备制造业发挥行业引领作用的同时，也需要注意的是，在所研究区间内，交通运输设备制造业与其他行业的差距并未明显缩小。从各方面表现均较差的仪器仪表制造业来说，在转变发展方式，挖掘新的利润增长点的情况下，还是具有很大的发展空间的。那么，在陕西省装备制造业进一步发展过程中，如何平衡各行业发展，极大地发挥优势行业的引领作用，精准定位后进入行业的新利润增长点，将是我们面临的一项严峻考验。

（3）陕西省内各地区装备制造业布局不均衡。

通过省内各地区装备制造业的分析可以发现，陕西省装备制造业以西安为分布中心，宝鸡次之，其余地区分布较少，且宝鸡与西安间也存在明显差距。各行业企业数比重分析显示，每个行业至少 1/3 的企业分布在西安，有些行业甚至高达 80%，甚至 90% 的比重。这样不均衡的地区布局，一方面会造成部分地区承载过重，而部分地区得不到充分发挥；另一方面还可能会导致地区资源优势与产业发展的协同效应难以发挥。在现有背景下，如何均衡陕西省装备制造业的地区发展，实现区域合理布局，是一个关键问题。

（4）优势行业不够突出。

尽管在七个细分行业的对比分析中，我们发现陕西省装备制造业中的交通运输设备制造业具有明显的发展优势，产值、利润、吸引就业等方面均远超其他行业，但在陕西省工业行业体系内的对比显示，产值、增加值、用工人数前五位的行业中，只有交通运输设备制造业榜上有名，且未能进前三位。行业利润对比分析中，计算机通信及其他电子设备制造业表现最好，但仅仅位居第六位，未能进入前五位。这一分析结果提示我们，陕西省装备制造业的发展应该立足本地，面向全国，争取将陕西省装备制造业的优势行业做到省内工业行业的前茅，甚至全国范围内的最好。当然，这将是一个长期而持久的问题。

（5）地理位置的局限。

陕西省处于内陆地区，交通运输设施、信息基础设施等方面与沿海地区有较大差距。同时虽然近年来陕西省的经济实力持续上升，但与东南沿海地区相比仍有不小的距离。陕西省的经济体制经过长时间的发展已经形成了固定的模式，但随着整个宏观环境的快速变化，市场经济体制与现实环境的需求已存在较大差异，但市场机制的调整工作是一个长期的行为，无法快速在短期形成。"一带一路"倡议的实施为陕西省带来机遇的同时也带来了激烈的竞争，丝绸之路所涉及的地区纷纷依托于自身优势获得了政策扶持。目前，陕西省的"长安号"才到达中亚地区，而其他省份有的已经到达欧洲各国，所以在这一方面，陕西省并没有太大的优势。2018 年政府对外公布的数据显示，在航空制造业领域全国排名中陕西省的综合竞争力位于全国首位，但其他制造业的排名陕西省还处于中部甚至后部位置，面对强省的不断发展和弱省的不断赶超，陕西省仍面临严峻的考验。

4.7　本章小结

本章在对陕西省装备制造业历史沿革梳理的基础上，从整体、行业对比、省内地区间对比、工业行业体系内对比等方面，对陕西省装备制造业的相关指标数据进行梳理，使我们对陕西省装备制造业的发展现状有了全面、深入的了解。通过分析，我们发现装备制造业作为陕西省规划的支柱产业之一，虽然在整个工业经济发展中并不是发展最好的，但却拥有无限前景。陕西省拟以"高端化、智能化、绿色化、服务化、国际化"为主要发展方向，加快高新科技产业与传统装备制造业的融合，提前规划具有发展前景的行业成长轨迹，重点发展智能产业、新能源汽车、航空航天、能源装备等领域，改造传统装备、发展壮大先进装备、加快培育 3D 打印、机器人等新兴装备，将陕西省建设成为我国另一个重要的装备制造业发展基地。目前陕西省已逐渐形成以西安为核心，辐射咸阳、西咸新区、宝鸡、渭南等城市的"关中核心发展轴"，同时打造以西安、咸阳为中心、宝鸡和渭南为副中心的"关中城市群"，形成西部具有产业竞争优势的重点城市群与西部高新技术产业开发带。装备制造业在我省所占的经济比重也逐年上升，整个行业呈现积极态势。但与此同时，我们也需注意，陕西省装备制造业不但与其他地区间存在着显而易见的差距，其自身也存在着诸如专业人才不足、行业发展不均衡、地区布局不合理、优势行业不突出等实际问题。在面临诸多问题时，陕西省装备制造业如何借助陕西省政策、资源等优势，克服短板，促进自身快速、长效发展，将是一项长期课题。

第 5 章

陕西省装备制造业可持续
成长性评价

5.1　研究方法

　　数据包络分析（简称 DEA）始于 1978 年，创始人为 Charnes 和 Cooper 等。通过数学规划模型的建立和运算，能够实现对多指标决策单元间的相对效率评价。但 DEA 方法只能将决策单元区分为有效和无效，不能实现决策单元的完全排序。为此，许多学者对该方法提出了改进方法。比较典型的就是与层次分析法（简称 AHP）的结合使用，如常丹（2004）和晏华辉（2004）较早提出的 DEA 和 AHP 模型相结合的方法。他们在各自研究中均实现了完全排序，但仍不能对有效单元进行完全区分，且 AHP 方法确定权重过程中的主观性问题仍然存在。因此，我们将同时借鉴常丹的模型处理方法，并借鉴周勇和吴海珍（2017）采用熵值法进行赋权的做法，来实现陕西省装备制造业可持续成长性内部评价，采用耦合协调度模型对陕西省装备制造业可持续成长性进行外部评价。

5.1.1 DEA/AHP 模型

（1）DEA 方法原理及模型。

运用数据包络分析方法解决效率评价问题时，一般遵循一个比较固定的思路，其常规的研究思路为：首先，根据问题选择 DEA 评价模型，并进行决策单元和评价指标的确定，在此基础上运行模型，进行实证分析，最后，对评价结果进行分析解释。当然，如果首次所确定的决策单元或选择的指标难以得到预期的效率评价结果，以解决所要研究的问题，需要对决策单元和评价指标进行重新的确定，直到得出最理想的实证分析结果。该方法广泛应用于相关决策领域，如主导产业选择、效率分析等方面的综合评价。

DEA 方法是用来评价同类部门或单元间相对有效性的决策方法，每个部门或单元被看作一个决策单元（DMU），每个决策单元具有相同的输入和输出指标，通过对输入、输出数据的综合分析，DEA 模型可以得出每个决策单元的综合效率值，并将决策单元做出定级排序，以及非有效单元非有效的方向和程度。C2R 和 BCC 模型是数据包络分析模型中具有代表性的模型。以 C2R 模型为例，DEA 方法的模型如下：

设有 n 个决策单元（DMU），每个决策单元都有 m 种输入和 s 种输出，对应的权系数向量分别为 $v=(v_1, v_2, \cdots, v_m)^T$ 和 $\mu=(\mu_1, \mu_2, \cdots, \mu_s)^T$。$x_{ik}$（$i=1, 2, \cdots, m$）表示第 k 个决策单元的第 i 个输入变量，$y_{jk}$（$j=1, 2, \cdots, s$）表示第 k 个决策单元的第 j 个输出变量。$x_k=(x_{1k}, x_{2k}, \cdots, x_{mk})^T$，（$k=1, 2, \cdots, n$），表示投入向量，$y_k=(y_{1k}, y_{2k}, \cdots, y_{sk})^T$，（$k=1, 2, \cdots, n$），表示产出向量。那么如果对第 k_0 个决策单元进行效率评价（$1 \leqslant k_0 \leqslant n$），需要建立如下的分式规划：

$$
\begin{cases}
\max \dfrac{\sum\limits_{j=1}^{s} \mu_j\, y_{jk_0}}{\sum\limits_{i=1}^{m} v_i\, x_{ik_0}} \\[2em]
\text{s.t.} \dfrac{\sum\limits_{j=1}^{s} \mu_j\, y_{jk}}{\sum\limits_{i=1}^{m} v_i\, x_{ik}} \leqslant 1, \quad k=1,\ 2,\ \cdots,\ n \\[2em]
\mu_j \geqslant 0,\quad j=1,\ 2,\ \cdots,\ s \\[0.5em]
v_i \geqslant 0,\quad j=1,\ 2,\ \cdots,\ m
\end{cases}
\tag{5-1}
$$

令 $\varepsilon = \dfrac{1}{v^T x_{k_0}}$，$\theta = tv$，$\phi = t\mu$，可以将式（5-1）的分式规划变为如式（5-2）所示的线性规划。

$$
\begin{cases}
\max\ hk_0 = \phi^T y_{k_0} \\[0.5em]
\text{s.t.} \\[0.5em]
\theta^T x_k - \phi^T y_k \geqslant 0,\quad j-1 \\[0.5em]
\theta^T x_{k_0} = 1,\quad \theta \geqslant 0,\ \phi \geqslant 0
\end{cases}
\tag{5-2}
$$

式（5-2）中的 $\theta_k = (\theta_1,\ \theta_2,\ \cdots,\ \theta_m)^T$ 表示输入指标的权重，$\phi = (\phi_1,\ \phi_2,\ \cdots,\ \phi_s)^T$ 表示输出指标的权重。通过对上述模型进行求解，便可以得到 k_0 个决策单元的效率评价分值 hk_0。按照此方法对所有决策单元进行评价分值的求解，可以得到 n 个 hk_0 值，由此便可对其投入产出的转化效率进行排序。

（2）DEA/AHP 模型构建。

采用 DEA/AHP 模型进行评价的思路为：首先，将决策单元进行两两分组，并运用 DEA 方法计算其有效分值，借此两两比较并构造判断矩阵。其次，运用 AHP 方法对决策单元进行有效性排序。这样就能实现决策单元的完全排序，也通过 DEA 方法确定判断矩阵的方式避免 AHP 方法确定判断矩阵的主观性。计算模型如下：

首先，设有两个决策单元 k_1 和 k_2，x_{ik_1} 和 y_{jk_1} 分别为第 k_1 个决策单元

的投入和产出，x_{ik_2} 和 y_{jk_2} 分别为第 k_2 个决策单元的投入和产出，v_i 和 μ_j 分别为投入和产出的权系数向量，计算这两个评价单元的相对效率值，具体模型如下：

$$
\begin{cases}
\max h_{k_1 k_2} = \max \sum_{j=1}^{s} \mu_j y_{jk_1} \\
\text{s.t.} \sum_{j=1}^{s} \mu_j y_{jk_1} \leq 1 \\
\sum_{i=1}^{m} v_i x_{ik_1} = 1 \\
\sum_{j=1}^{s} \mu_j y_{jk_2} - \sum_{i=1}^{m} v_i x_{ik_2} \leq 0
\end{cases}
\tag{5-3}
$$

$$
\begin{cases}
\max h_{k_2 k_1} = \max \sum_{j=1}^{s} \mu_j y_{jk_2} \\
\text{s.t.} \sum_{j=1}^{s} \mu_j y_{jk_2} \leq 1 \\
\sum_{i=1}^{m} v_i x_{ik_2} = 1 \\
\sum_{j=1}^{s} \mu_j y_{jk_1} - \sum_{i=1}^{m} v_j x_{ik_1} \leq 0
\end{cases}
\tag{5-4}
$$

那么，两个决策单元的效率比值为 $a_{k_1 k_2} = \dfrac{\max h_{k_1 k_2}}{\max h_{k_2 k_1}}$，$a_{k_2 k_1} = \dfrac{\max h_{k_2 k_1}}{\max h_{k_1 k_2}} = \dfrac{1}{a_{k_1 k_2}}$，$a_{k_1 k_1} = 1$，依据计算结果，创建一个由客观数据计算得出的判断矩阵 $A = (a_{k_1 k_2})$。

其次，运用 AHP 方法求出判断矩阵最大特征值及对应的特征向量。在上一步骤计算得出判断矩阵之后，可以采用 AHP 求该判断矩阵的最大特征值，以及对应的特征向量。由于这里的 AHP 只有一层，所以第 j 个特征向量也就相应反映了第 j 个决策单元的重要程度。

5.1.2 熵值法

熵值法是一种能够实现客观赋权的方法，通过该方法得出的指标权重值比主观赋权法具有较高的可信度和精确度。假设有 a 个评价单元，p 个评价指标，具体的计算步骤如下：

首先，对原始数据进行归一化处理，具体公式为：

$$\eta_{ij} = \frac{\eta_j - \eta_{min}}{\eta_{max} - \eta_{min}} \quad i = 1，2，\cdots，a；j = 1，2，\cdots，p \tag{5-5}$$

其次，计算指标的熵值，熵值以 γ_j 表示，则公式为：

$$\gamma_j = -\frac{1}{\ln a} \sum_{i=1}^{a} q_{ij} \ln q_{ij}，式中 q_{ij} = \frac{\eta_{ij}}{\sum_{i=1}^{a} \eta_{ij}}。$$

再次，计算信息效用值，信息效用值以 d_j 表示，用公式表示为：$d_j = 1 - \gamma_j$。

最后，计算指标的权重：$\omega_j = \dfrac{d_j}{\sum_{j=1}^{p} d_j}$，其中 ω_j 表示指标的权重。通过以上这样的权重计算过程，就能够对各类指标的重要程度加以区分，并分别赋权。

5.1.3 耦合协调度模型

陕西省装备制造业与经济、科技的耦合协调程度是陕西省装备制造业可持续成长性的关键外部因素。为此，我们借助基于物理学容量耦合及容量耦合系数模型得以推广的多系统（或要素）相互作用的耦合度协调模型，具体步骤和计算过程如下：

首先，计算陕西省装备制造业的耦合度，假设 R_i 为第 i 个子系统（或要素）的评价值，i = 1，2，3，$\cdots$，n；C 代表耦合度，一般 $0 \leq C \leq 1$，那么耦合度的计算公式可以表示为：

$$C_n = n \left[\frac{R_1 \times R_2 \times \cdots \times R_n}{\prod (R_i + R_j)} \right]^{\frac{1}{n}} \tag{5-6}$$

其次，在耦合度的基础上，我们可以计算耦合协调度，以克服耦合度模型无法反映子系统之间协调发展，只能反映相互作用的缺陷。如果以 D 代表耦合协调度，那么计算公式可以表示为：

$$D = \sqrt{C \times T} = \sqrt{C \times (x_1 R_1 + x_2 R_2 + \cdots + x_n R_n)} \tag{5-7}$$

式（5-7）中 C 即为式（5-6）的耦合度，T 为综合评价指数；x_1，x_2，$\cdots$，x_n 为各系统（或要素）的系数。我们这里的研究将选取三个系统来对陕西省装备制造业的耦合协调度进行计算，因此，这里公式中的 n 为 3。

5.2 指标体系的选取和解释

5.2.1 指标体系的选取

根据前文相关文献的梳理发现，目前对产业成长性评价进行实证研究的文献比较少，多是从投资、经济效益、产业增长潜力等方面进行研究，在评价指标体系的选取上还不够成熟和丰富。原因在于对于产业成长性的评价没有一个非常明确具体的判断标准。我们这里选取指标体系过程中将主要参考产业可持续发展的相关评价指标。尽管产业成长与产业发展不尽相同，产业发展的指标比产业成长的评价指标的范围更广，但两者的关系还是不容忽视，它们是难以割裂开来的，而且产业发展有利于产业成长。袁晓玲、白天元和李勇（2013）从产业成长性、产业的关联度、产业动态上的区位优势、产业技术进步四个方面选取指标体系，对陕西省主导工业产业可持续发展潜力进行了评价，而周勇和吴海珍

（2017）从产业增长、产业效率、产业关联、产业技术创新四个方面对陕西省装备制造业可持续成长进行了评价。我们将借鉴袁晓玲等和周勇等的做法的基础上，结合陕西省装备制造业的发展现实，以及陕西省装备制造业与环境的协调可持续，在充分考虑产业增长、产业效率、产业关联、产业技术创新、可持续发展五方面指标的基础上，增加陕西省装备制造业与外部的耦合。产业增长、产业效率、产业关联、产业技术创新、可持续发展等因素可以说是陕西省装备制造业的基础性因素，陕西省装备制造业与经济、技术的耦合协调则是推动陕西省装备制造业可持续成长的外部推动因素，如图 5-1 所示，内部与外部因素缺一不可。

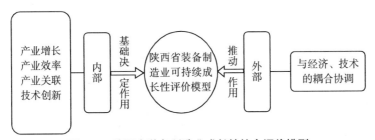

图 5-1　陕西省装备制造业成长性综合评价模型

在此基础上，我们分别从内部和外部选取指标体系，分别进行评价和计算得分，再通过两者加权的形式，得出陕西省装备制造业可持续成长的最终得分，即陕西省装备制造业可持续成长优劣的排名依据。

（1）可持续成长内部评价指标体系。

我们在借鉴袁晓玲等和周勇等的做法，并进行适当扩充，从产值增长、产业效率、产业关联、产业技术创新、可持续发展五个方面选取指标，构建陕西省装备制造业可持续成长性内部评价指标体系，具体如表5-1 所示。

（2）可持续成长外部评价指标体系。

考虑到指标的代表性及数据可获得性，我们从陕西省装备制造业自身发展系统、经济发展系统、科技发展系统三个方面分别选取产业规模、参与国际竞争、能源利用、经济规模、盈利及生产效率、科技投入和科技产出七个三级指标，并在每个三级指标下再选取细化四级指标，共计17个指标。构建的陕西省装备制造业可持续成长性外部评价指标体系具体情况如表 5-2 所示。

表 5-1　陕西省装备制造业可持续成长内部评价指标体系

一级指标	二级指标	三级指标
陕西省装备制造业可持续成长内部评价指标体系	产值增长	产值增长率
		利润增长率
	产业效率	资本收益率
		劳动生产率
	产业关联	影响力系数
		感应度系数
	产业技术创新	劳动生产率增长率
		产业技术进步率
		产业技术进步贡献度
	可持续发展	能源消耗产值率增长率

表 5-2　陕西省装备制造业可持续成长外部评价指标体系

一级指标	二级指标	三级指标	四级指标
陕西省装备制造业可持续成长外部评价指标体系	自身发展系统	产业规模	资产规模
			主营业务收入
			年平均从业人员数
		参与国际竞争	港澳台投资企业产值占装备制造业总产值比重
		能源利用	产值能耗
	经济发展系统	经济规模	固定资产投资额
			产值占装备制造业总产值的比重
		盈利及生产效率	利润占装备制造业利润总额的比重
			成本费用利润率
			劳动生产率
			工业产品销售率

续表

一级指标	二级指标	三级指标	四级指标
陕西省装备制造业可持续成长外部评价指标体系	科技发展系统	科技投入	R&D 经费投入
			R&D 人员
			新产品开发经费
		科技产出	有效发明专利数
			拥有注册商标数
			新产品销售收入

5.2.2　指标说明

（1）陕西省装备制造业可持续成长内部评价指标体系。

1）产业增长。

产值增长率指的是本年产值相比于上一年度的增长比率，具体的计算公式为：产值增长率 $= \dfrac{(\text{本年总产值} - \text{上一年度总产值})}{\text{上一年度总产值}} \times 100\%$。利润增长率指的是本年利润相比于上一年度利润增长比率，具体公式为：利润增长率 $= \dfrac{(\text{本年利润} - \text{上年利润})}{\text{上年利润}} \times 100\%$。这两个三级指标均可以通过相关数据简单计算而得。在本书中我们将分别计算这两个指标的年平均增长率。

2）产业效率。

在产业效率这个二级指标下我们选取了资本收益率和劳动生产率这两个三级指标。资本收益率指的是净利润（税后利润）与所有者权益的比率。劳动生产率指的是工业总产值与全部职工平均人数的比值。这两个指标均可以通过简单计算求得。

3）产业关联。

产业关联指的是因直接或间接受到某一产业需求量改变的影响，而使得其他各产业部分投入产出量出现相应变化，此时变化的具体程度便是产业关联度的直接体现（谢兰兰，2016）。针对产业关联强度的测算主要是影响力系数和感应度系数的测算。在传统的测算方法中，里昂惕夫逆矩阵的行和即为感应度,列和即为影响力。这种算法应用广泛,后续学者对此又进行了很多有益的探索。至今为止,有关感应度系数和影响力系数的测算相对比较成熟。

①影响力系数。

影响力系数指产业发展中某个部门的发展对其他部门所产生的影响和作用,该部门对其他部门的拉动作用呈正比关系,影响力系数越大,拉动作用越大(邢美华和王荆州,2015)。假设令 $\tilde{B}$ 表示里昂惕夫逆矩阵,即 $\tilde{B}=(I+A)^{-1}$,L_{ij} 为里昂惕夫逆矩阵中的元素,n 为整个经济体中行业部门数,则部门 j 的影响力系数的计算公式为:

$$F_j = \frac{\frac{1}{n}\sum_{i=1}^{n}\tilde{b}_{ij}}{\frac{1}{n^2}\sum_{i=1}^{n}\sum_{j=1}^{n}\tilde{b}_{ij}} \tag{5-8}$$

根据式(5-8),整个经济体中所有部门的影响力系数平均值为 1,如果某个部门的影响力系数高于 1,表示该部门对整个经济体发展具有明显的拉动作用,数值越高,表明其拉动作用越强。

②感应度系数。

感应度系数反映整个经济体发展对所研究行业的需求与依赖程度,i 部门的感应度系数的计算公式为:

$$E_i = \frac{\sum_{j=1}^{n}l_{ij}}{\frac{1}{n}\sum_{i=1}^{n}\sum_{j=1}^{n}l_{ij}} \tag{5-9}$$

同样,当感应度系数大于 1 时,表示部门 i 在整个经济体发展过程中的需求作用高于行业均值;感应度系数小于 1 时,则反之。

影响力系数与感应度系数都为正向指标,但影响力系数衡量的是由于所研究行业发展,带来的拉动国民经济发展的结果,感应度系数衡量的是由于国民经济发展对化工行业有依赖,出现的所研究行业满足其他行业需求的结果。可以说，两者反映的因果关系不同。

4）产业技术创新。

有关产业技术创新这个二级指标下的三级指标可以借助 C-D 生产函数来计算，公式为：

$$y = \frac{d \ln Q}{dt} - \alpha \frac{d \ln L}{dt} - \beta \frac{d \ln K}{dt} \qquad (5-10)$$

式中，$\frac{d \ln Q}{dt}$ 为产出增长率，$\frac{d \ln L}{dt}$ 为劳动增长率，$\frac{d \ln K}{dt}$ 为资本增长率，y 为技术进步速度，Q 为产出总量，那么，技术进步速度与产出增长率之比即为技术进步贡献率。同时，式（5-10）中的 α 和 β 为劳动弹性和资本弹性，两者之和为 1，且这里我们采用国家计委、国家统计局推荐的，取 α 和 β 分别为 0.3 和 0.7。

5）可持续发展。

能源消耗产值率反映产业能源消耗的产值，通过产业总产值与该产业能源消费总量之比计算而得。该指标越大，说明该产业生产过程中节能作用明显，与环境的协调可持续效果越明显。

（2）陕西省装备制造业可持续成长外部评价指标体系。

这部分指标多是直接从相关统计年鉴和统计公报直接获取，或者经过简单统计和计算，或者在第 4 章陕西省装备制造业发展现状部分进行过计算整理，因此，我们这里不再对每一个具体指标进行逐一解释。需要特别说明的是，这部分涉及的部分比重指标是以陕西省装备制造业整体为基数进行的统计。

5.3 数据来源及说明

根据《国民经济行业分类与代码》，装备制造业包括金属制品业、通用设备制造业、专用设备制造业、交通运输设备制造业、电气机械和器材制造业、计算机通信和其他电子设备制造业、仪器仪表制造业七大类。我们分别收集陕西省装备制造业七大细分行业的以上相关指标数据。原始数据均来源于《陕西统计年鉴》《中国工业统计年鉴》陕西省投入产出表，并经过作者计算整理。

5.4　实证分析

这部分实证分析过程我们首先基于陕西省装备制造业可持续成长内部评价指标体系进行评价计算，得出第一部分评价分值。同时，基于陕西省装备制造业可持续成长外部评价指标体系，计算陕西省装备制造业自身发展、经济发展、科技发展的耦合协调度，得出第二部分评价分值。最后，我们对这两部分评价分值加权平均的基础上，得出陕西省装备制造业可持续成长性最终得分。

5.4.1　基于内部指标的评价

实证分析过程需要首先分别基于五个二级指标层面进行评价分析，并以此为基础进行陕西省装备制造业七个细分行业成长性的综合评价分析。五个二级指标层面的分别分析具有相似性，为此，我们这里将以产值增长这一层面为例，对其实证评价过程加以分析。

（1）产值增长为例的各行业评价分析。

根据《陕西统计年鉴》（2012~2019）统计数据，可以很容易计算得到2011~2018年陕西省装备制造业各产业的产值增长率和利润增长率。但是，原始数据计算得出的指标值可能出现负数情况，且不同指标值的量纲存在差距，将很难直接带入模型进行线性规划和有效性分析，为此，我们借鉴袁晓玲等（2017）的做法，在五个二级指标层面分析过程的产出数据全部进行无量纲化处理，具体处理方法如下：

假设 $\max\limits_{1\leq i\leq 7} Z_{ij}=a_j$，其中 a_j 为第 j 项指标的最大值；$\min\limits_{1\leq i\leq 7} Z_{ij}=b_j$，其中 b_j 为第 j 项指标的最小值。假设 Z_{ij} 表示第 i 个评价对象的第 j 个指标所对应的无量纲化后的指标值，那么计算公式为：

$$Z'_{ij}=0.1+0.9\times\frac{Z_{ij}-b_j}{a_j-b_j}，Z'_{ij}\in[0.1,1] \tag{5-11}$$

七个细分行业产值增长层面产值增长率和利润增长率数据无量纲化后的处理结果如表 5-3 所示。

表 5-3　无量纲化后的各行业产值增长指标

行业	投入指标	产出指标	
		产值增长率	利润增长率
金属制品业	1.0000	0.7998	1.0000
通用设备制造业	1.0000	0.2268	0.1000
专用设备制造业	1.0000	0.5027	0.1047
交通运输设备制造业	1.0000	0.4321	0.5826
电气机械和器材制造业	1.0000	0.9117	0.8592
计算机通信和其他电子设备制造业	1.0000	1.0000	0.2503
仪器仪表制造业	1.0000	0.1000	0.4586

根据 DEA/AHP 模型，将计算得出的表 5-3 中的产值增长率和利润增长率作为产出指标，投入指标设为 1，以各行业为被评价单元。运用模型第一步，可构造判断矩阵，如表 5-4 所示。

表 5-4　产值增长判断矩阵

行业	金属制品业	通用设备制造业	专用设备制造业	交通运输设备制造业	电气机械和器材制造业	计算机通信和其他电子设备制造业	仪器仪表制造业
金属制品业	1.0000	3.5211	1.5898	1.7153	1.0000	1.0000	2.1786
通用设备制造业	0.2840	1.0000	0.9550	0.5250	0.2490	0.4000	1.0000

续表

行业	金属制品业	通用设备制造业	专用设备制造业	交通运输设备制造业	电气机械和器材制造业	计算机通信和其他电子设备制造业	仪器仪表制造业
专用设备制造业	0.6290	1.0471	1.0000	1.0000	0.5510	0.5030	1.0000
交通运输设备制造业	0.5830	1.9048	1.0000	1.0000	0.6780	1.0000	1.2706
电气机械和器材制造业	1.0000	4.0161	1.8149	1.4749	1.0000	1.0000	1.8727
计算机通信和其他电子设备制造业	1.0000	2.5000	1.9881	1.0000	1.0000	1.0000	1.0000
仪器仪表制造业	0.4590	1.0000	1.0000	0.7870	0.5340	1.0000	1.0000

求得判断矩阵之后，我们接下来将采用 AHP 方法进行排序，并计算求解判断矩阵的最大特征根，并进而求得最大特征根对应的特征向量，具体计算结果如表 5-5 所示。该特征向量即为各行业产值增长层面的优劣程度评分结果。

表 5-5 产值增长层面各行业评分结果

行业	评分结果	排序
金属制品业	0.2054	1
通用设备制造业	0.0744	7
专用设备制造业	0.1056	6
交通运输设备制造业	0.1323	4
电气机械和器材制造业	0.2043	2
计算机通信和其他电子设备制造业	0.1701	3
仪器仪表制造业	0.1078	5

通过产值增长层面各行业评分结果可知，金属制品业最优，其次为电气机械和器材制造业，相对较差的为专用设备制造业和通用设备制造业。这一结果只能说明 2011~2018 年，金属制品业、电气机械和器材制

造业的产值增长和利润增长方面衡量的成长性较好，其余行业相对较差，但这只是成长性的一个方面。

（2）综合性评价分析。

1）其余四个层面评分。

前文给出了产值增长层面各行业优劣程度考量的分析和计算过程，其余层面的分析和计算与此类似。因此，我们可以运用同样的方法求得产业效率、产业关联、产业技术创新体系、可持续发展四个层面各行业的评分及排序，结果如表 5-6 所示。

表 5-6　其余四个层面各行业评分结果

行业	产业效率		产业关联		产业技术创新		可持续发展	
	评分	排序	评分	排序	评分	排序	评分	排序
金属制品业	0.1709	2	0.1234	7	0.1595	2	0.0450	6
通用设备制造业	0.0918	6	0.1522	2	0.0872	7	0.1081	5
专用设备制造业	0.0880	7	0.1414	4	0.0987	6	0.2340	2
交通运输设备制造业	0.1963	1	0.1419	3	0.1573	3	0.1698	3
电气机械和器材制造业	0.1553	4	0.1552	1	0.1258	5	0.1204	4
计算机通信和其他电子设备制造业	0.1333	5	0.1367	6	0.1317	4	0.0294	7
仪器仪表制造业	0.1643	3	0.1420	5	0.2398	1	0.2934	1

表 5-6 的分析结果显示，从产业效率层面来看，交通运输设备制造业最优，专用设备制造业相对最差；从产业关联层面来看，电气机械和器材制造业最优，金属制品业相对最差；从产业技术创新和可持续发展层面看，仪器仪表制造业最优，而通用设备制造业、计算机通信和其他电子设备制造业分别在产业技术创新和可持续发展方面相对最差。由此可见，各行业不同层面的表现存在很大差异，还需要对各行业的综合情况进行分析评价。

2）基于熵值法赋权。

由于各个指标的影响程度不同，为了实现客观分析，这里将基于熵值法对各指标数据的原始数据进行计算。若分别以 E_1，E_2，…，E_{10} 来表示三级指标，那么采用熵值法计算可以得到的各三级指标的权重，计算结果分别为（E_1，E_2，…，E_{10}）=（0.06759，0.09569，0.09851，0.06712，0.16946，0.11198，0.05383，0.08588，0.1718，0.07814）。在三级指标权重值的基础上，可以通过各二级指标下属三级指标权重值相加的方式得到各二级指标的权重值。假设以 B_1，B_2，B_3，B_4，B_5 表示各二级指标，那么，各二级指标权重为 （B_1，B_2，B_3，B_4，B_5）=（0.16328，0.16293，0.28144，0.31151，0.07814）。

3）综合评价。

在 DEA/AHP 模型基础上，我们计算得到五个层面下各行业的评分及排序。基于熵值法，我们得到各指标权重值。在这两者基础上，将各行业五个层面的评分结果与指标权重值进行线性组合，便可实现对陕西省装备制造业的综合评价结果，依据此评分进行的排序便为陕西省装备制造业可持续成长性的综合评价，具体结果如表 5-7 所示。

表 5-7　各行业内部评价评分结果及排序

行业	综合评分	排序
金属制品业	0.14931	4
通用设备制造业	0.10555	7
专用设备制造业	0.12041	6
交通运输设备制造业	0.15579	2
电气机械和器材制造业	0.15094	3
计算机通信和其他电子设备制造业	0.13129	5
仪器仪表制造业	0.18196	1

通过陕西省装备制造业可持续成长内部评价结果可知，七个细分行业中，成长性最强的为仪器仪表制造业，其次为交通运输设备制造业、

电气机械和器材制造业。金属制品业、计算机通信和其他电子设备制造业分别排名第四和第五。最弱和次弱的分别为通用设备制造业和专用设备制造业。其中，仪器仪表制造业的成长性评分明显高于其他行业，主要是因为相比于其他行业，仪器仪表制造业的规模、利润、研发投入等均处于较低的水平，而其能源消耗水平在发展过程中降幅明显。

5.4.2　基于外部指标的评价

（1）计算评价分值。

我们首先借助式（5-11）对各原始指标数据进行无量纲化处理，经过处理之后得到的数据如表 5-8 所示。

表 5-8　无量纲化处理后的数据

指标\行业	资产规模	主营业务收入	年均从业人员数	港澳台投资企业产值占装备制造业产值比重	产值能耗	固定资产投资额	产值占装备制造业总产值的比重	利润占装备制造业利润总额的比重
金属制品业	0.2153	0.1920	0.1930	0.1000	0.3415	0.2965	0.1858	0.1616
通用设备制造业	0.3619	0.3062	0.3537	0.1405	0.7113	0.5754	0.3185	0.3651
专用设备制造业	0.5402	0.3580	0.3947	0.2381	0.4217	0.7573	0.3861	0.3651
交通运输设备制造业	1.0000	1.0000	1.0000	0.3976	0.5528	1.0000	1.0000	1.0000
电气机械和器材制造业	0.6110	0.4805	0.4278	0.3048	0.4432	0.7300	0.4928	0.4113
计算机通信和其他电子设备制造业	0.5299	0.3419	0.3130	1.0000	0.1000	0.8474	0.3445	0.4298
仪器仪表制造业	0.1000	0.1000	0.1000	0.2524	1.0000	0.1000	0.1000	0.1000

成本费用利润率	劳动生产率	工业产品销售率	R&D经费投入	R&D人员	新产品开发经费	有效发明专利数	拥有注册商标数	新产品销售收入
0.3140	0.4823	0.7361	0.1000	0.1000	0.1000	0.1000	0.1000	0.1000
0.5263	0.1000	0.6806	0.1208	0.1220	0.1549	0.1705	0.2332	0.1684
0.3676	0.2647	0.1934	0.1559	0.2106	0.1754	0.4911	0.2763	0.1693
0.2011	1.0000	0.9472	1.0000	1.0000	1.0000	1.0000	1.0000	1.0000
0.1000	0.8943	1.000	0.2446	0.2038	0.2489	0.4199	0.1917	0.2672
0.8661	0.8346	0.1000	0.2679	0.2515	0.2852	0.4519	0.5716	0.2155
1.0000	0.3822	0.7902	0.1399	0.1650	0.1017	0.2260	0.1293	0.1106

为了尽可能实现客观判断，我们这里采用熵值法计算各四级指标的权重。若分别以 Q_1，Q_2，…，Q_{17} 来表示四级指标，那么采用熵值法计算可以得到的各四级指标的权重，计算结果分别为 $(Q_1$，Q_2，…，$Q_{17})$ = $(0.04146$，0.05040，0.04919，0.06524，0.03516，0.03433，0.04966，0.04968，0.05198，0.04366，0.04105，0.09246，0.08778，0.09026，0.05314，0.07334，$0.09121)$。

在计算得到各四级指标权重的基础上，我们将各四级指标权重与各指标加权计算得到各指标的评价分值。各三级指标评价分值可以基于其所包含的四级指标评价分值相加的基础上得到，各二级指标，即自身发展系统、经济发展系统、科技发展系统的评价分值基于各三级指标评价分值相加。按照这样的计算思路，我们可以得到七个行业三个系统的评价分值，具体结果如表 5-9 所示。

表 5-9　七个行业各系统评价分值

行业	自身发展系统	经济发展系统	科技发展系统
金属制品业	0.04663	0.09503	0.04882
通用设备制造业	0.08201	0.11337	0.07738
专用设备制造业	0.09022	0.10191	0.11054
交通运输设备制造业	0.18643	0.22667	0.48819
电气机械和器材制造业	0.10606	0.15526	0.12372
计算机通信和其他电子设备制造业	0.12335	0.15312	0.15818
仪器仪表制造业	0.06573	0.11447	0.06818

（2）计算耦合协调度。

利用式（5-6）可以计算陕西省装备制造业七个行业的耦合度，利用式（5-7）则可以计算陕西省装备制造业七个行业的耦合协调度。需要说明的是，在耦合协调度计算过程中，我们采用一般做法（周荷欣和毛若愚，2020），取三个系统的系数分别为 0.3、0.4、0.3。耦合度和耦合协调度的计算结果如表 5-10 所示。

表 5-10 七个行业的耦合度和耦合协调度

行业	耦合度	耦合协调度	
		分值	排序
金属制品业	0.94547	0.25102	7
通用设备制造业	0.98553	0.30301	5
专用设备制造业	0.99655	0.31724	4
交通运输设备制造业	0.91290	0.51723	1
电气机械和器材制造业	0.98772	0.35976	3
计算机通信和其他电子设备制造业	0.99408	0.38058	2
仪器仪表制造业	0.96689	0.28830	6

表 5-10 中的耦合协调度计算结果与前文基于内部评价指标进行的评价结果还是存在很大的差异性。表中结果显示，交通运输设备制造业的耦合协调性最好，计算机通信和其他电子设备制造业次之，金属制品业则最差。同时，这里计算得出的耦合协调度结果也就是我们基于外部评价指标体系计算得出的评价分值。

5.4.3 可持续成长性综合评价

分别基于内部指标和外部指标计算得到相应的评价分值之后，我们可以通过两者加权的方式得到最终的评价结果。这里我们认为内部评价和外部评价同等重要，毕竟陕西省装备制造业的发展同等受到内部因素和外部环境的影响，而且两者的影响都很关键，因此，我们这里对内部评价和外部评价按照 0.5、0.5 进行赋权，最终计算得到的陕西省装备制造业七个行业的评价分值及排序如表 5-11 所示。

表 5-11 各行业综合评价结果及排序

行业	综合评分	排序
金属制品业	0.200165	7
通用设备制造业	0.204280	6
专用设备制造业	0.218825	5

续表

行业	综合评分	排序
交通运输设备制造业	0.336510	1
电气机械和器材制造业	0.255350	3
计算机通信和其他电子设备制造业	0.255935	2
仪器仪表制造业	0.235130	4

综合了内部评价和外部评价之后的评价结果相比于单一方面的评价结果更准确、客观，与第 4 章现状中对各行业的分析结果具有一致性。由表 5-11 结果可知，交通运输设备制造业的可持续成长性相对最优，其次为计算机通信和其他电子设备制造业、电气机械和器材制造业，通用设备制造业和金属制品业的可持续成长性分别为较差和最差。结合表 5-7 和表 5-10 的评价结果，我们发现交通运输设备制造业基于内部的评价表现较优，同时，自身发展系统、经济发展系统和科技发展系统的相互协调性表现最好，最终结果表现为交通运输设备制造业的可持续成长性最好。仪器仪表制造业虽然基于内部评价结果表现最好，但是其三个系统间的协调性却很差，最终其可持续成长性处于中下游水平。计算机通信和其他电子设备制造业、电气机械和器材制造业这两个行业在内部评价和外部评价中均处于上游水平，最终，这两个行业的综合评价结果分别为第二位和第三位。金属制品业、通用设备制造业、专用设备制造业这三个行业则是在内部评价和外部评价中均处于下游位置，因此，这三个行业的最终评价结果也分别处于后三位。

5.5　本章小结

本章从内部和外部两个方面分别选取指标，构建内、外部综合评价的指标体系。在内部评价中，我们从产值增长、产业效率、产业关联、产业技术创新、可持续发展五个层面分别选取指标，构建了可持续成长内部评价的指标体系，结合 DEA/AHP 法对七个细分行业在每个层面指标的评分进行计算。同时，借助熵值法确定各个指标的权重，进而计算各二级指标权重。在此基础上，将各层面指标下七个行业的评分及权重进行线性组合。分析每个产业在各类指标中的得分，继而结合熵值法确定各类指标权重，通过线性组合得出了陕西省装备制造业的持续成长性得分及排序。通过内部评价结果，我们发现陕西省仪器仪表制造业的成长性表现最好，通用设备制造业的成长性表现最差，而各行业间的成长性差异较小。结合陕西省装备制造业与先进产业之间存在差距的现状，不难发现，陕西省装备制造业存在着整体性、普遍性问题。同时，在外部评价过程中，我们从陕西省装备制造业自身发展系统、经济发展系统、科技发展系统三个方面选取了包含四层、17 个指标的指标体系，借助耦合协调性模型对三个系统的耦合协调性进行计算，从而实现了外部评价。个别行业的外部评价结果与内部评价结果存在着很大差异性。最明显的是仪器仪表制造业，其在内部评价中表现最优，而外部评价中则处于第六位，导致可持续成长性排名第四位。对于该行业我们应该致力于其各系统间的协调性提高，而非盲目的致力于单一方面的发展。通过评价，我们发现七个细分行业各自的优势没能得到充分发挥，各自还都存在进一步发展的空间。今后的产业发展过程中，在继续把握西部发展及装备制造业振兴机遇的基础上，强化政府的引领作用，有针对性地推进七个细分行业的差异化发展。结合陕西省装备制造业当前的可持续成长性评价结果，可以具体从以下几点着手：继续深入推进交通运输设备制造业、计算机通信和其他电子设备制造业、电气机械和器材制造业的发展，原因在于这三个细分行业目前可持续成长性相对较优，不但能够带动其余行业的发展，还能在深入发展过程中对陕西省装备制造业整体起到贡献作用。对于其余四个细分行业来说，需要改善其现有成长模式，有针对性的强化自身短板。我们需要强化仪器仪表制造业自身发展系统、经济发展系统、科技发展系统的协调性，原因在于其在陕西省装备制造业可持续成长内部评价排名中位居第一位，而其外部评价结果较差。现状分析显示其发展规模和整体投入都比较小，因此，在未来发展过程中该行业具有非常大的发展空间。金属制品业、通用设备制造业和专用设备制造业需要在强化自身发展系统、经济发展系统、科技发展系统相互协调。同时，通用设备制造业需要加强技术创新，提高自身增长效率。专用设备制造业需要提高产业发展效率，而需要在节能减排方面加大力度。金属制品业需要在提高产业关联度和节能减排方面加以强化。从整体上来说，加快技术进步，提高技术创新贡献率，加大节能减排力度，在提高经济发展效率，实现产值增长的同时，推进其与经济、科技的协调发展，是促进陕西省装备制造业整体成长性提升的关键举措。

第 6 章

陕西省装备制造业可持续成长的
影响因素分析

　　深入细致分析不同影响因素对陕西省装备制造业可持续成长的影响，既是对陕西省装备制造业可持续成长性评价研究的进一步深入，又能够为陕西省装备制造业可持续发展路径的设计提供方向选择和关键策略。考虑到装备制造业可持续成长衡量缺乏固定和成熟的量化指标，装备制造业的细化数据不够丰富的弊端，以及我们最终目的是通过陕西省装备制造业在可持续成长性评价基础上，找到陕西省装备制造业可持续发展的路径。我们采用 DEA–Malmquist 指数法对陕西省装备制造业的 Malmquist 指数进行测算和分解，对影响因素进行初步判断。并以此为基础，进行多元线性回归，对各影响因素作进一步分析。利用指数分解和线性回归的方法尽可能全面地找到陕西省装备制造业发展的影响因素。

6.1　陕西省装备制造业 Malmquist 指数法的
测算与分解

6.1.1　DEA–Malmquist 指数法

Malmquist 指数最初由 Malmquist 于 1953 年提出，Caves、Christensen

和 Diewert 于 1982 年开始将这一指数应用于生产效率变化的测算，这在当时引起了极大的反响，但随后很长一段时间内，有关这一理论的实证研究几乎销声匿迹。直到 1994 年，Rolf Fare 等将这一理论的一种非参数线性规划法与数据包络分析法（DEA）理论相结合，这才使得 Malmquist 指数被广泛应用。现今，这一方法被广泛应用于金融、工业、医疗等部门生产效率的测算，并依据效率测算的结果进行比较，以及通过指数的分解进行相关因素分析。通过数据包络分析方法和相关软件便可以实现对相关产业 Malmquist 指数的计算和分解。

DEA-Malmquist 生产率指数的创始人为 Fare 等，他们提出在产出基础上计算，得出生产率指数。表达式如下：

$$M_0(\vec{x}^{\,t+1},\ \vec{y}^{\,t+1},\ \vec{x}^{\,t},\ \vec{y}^{\,t}) = \left[\left(\frac{D_0^t(\vec{x}^{\,t+1},\ \vec{y}^{\,t+1})}{D_0^t(\vec{x}^{\,t},\ \vec{y}^{\,t})}\right)\left(\frac{D_0^{t+1}(\vec{x}^{\,t+1},\ \vec{y}^{\,t+1})}{D_0^{t+1}(\vec{x}^{\,t},\ \vec{y}^{\,t})}\right)\right]^{1/2} \quad (6-1)$$

式（6-1）是对 $t+1$ 期投入和产出的组合——$(\vec{x}^{\,t+1},\ \vec{y}^{\,t+1})$，相对于 t 期的投入与产出组合——$(\vec{x}^{\,t},\ \vec{y}^{\,t})$ 的生产率变化做的度量，M_0 为全要素生产率变化指数。判断的依据为：$M_0 > 1$，全要素生产率指数为正，说明 t 期到 $t+1$ 期是进步的；反之，$M_0 < 1$，则相反；$M_0 = 1$，表明全要素生产率指数没有变化。式中 $D_0^t(\vec{x}^{\,t},\ \vec{y}^{\,t})$ 表示 t 期投入产出组合 $(\vec{x}^{\,t},\ \vec{y}^{\,t})$ 的距离函数，表达式为：

$$D_0^t(\vec{x}^{\,t},\ \vec{y}^{\,t}) = \inf\{\theta : (\vec{x}^{\,t},\ \vec{y}^{\,t}/\theta) \in S^t\} = (\sup\{\theta : (\vec{x}^{\,t},\ \theta\vec{y}^{\,t}) \in S^t\})^{-1} \quad (6-2)$$

式（6-2）传递的含义是：在给定 t 期投入向量的情况下，产出向量，即 $\vec{y}^{\,t}$ 达到的最大可能的扩张倍数的倒数。它是通过对系列线性规划进行求解实现的。

$$[D_0^t(\vec{x}^{\,t},\ \vec{y}^{\,t})]^{-1} = \text{Max}_{\phi,\lambda}\ \phi$$

$$\text{s. t.} \quad -\phi y_i^t + \vec{y}^{\,t}\lambda \geq 0$$

$$x_i^t - \vec{x}^{\,t}\lambda \geq 0$$

$$\lambda \geq 0 \quad (6-3)$$

同时，式（6-3）又恰恰是求解 DEA 效率指数所用的公式。

如果将式（6-1）做进一步的代数变化，可得表达式：

$$M_0(\vec{x}^{t+1}, \vec{y}^{t+1}, \vec{x}^t, \vec{y}^t) = \left[\left(\frac{D_0^t(\vec{x}^{t+1}, \vec{y}^{t+1})}{D_0^t(\vec{x}^t, \vec{y}^t)} \right) \left(\frac{D_0^{t+1}(\vec{x}^{t+1}, \vec{y}^{t+1})}{D_0^{t+1}(\vec{x}^t, \vec{y}^t)} \right) \right]^{1/2}$$

$$= \underbrace{\left(\frac{D_0^t(\vec{x}^{t+1}, \vec{y}^{t+1})}{D_0^t(\vec{x}^t, \vec{y}^t)} \right)}_{(1)} \times$$

$$\underbrace{\left[\left(\frac{D_0^t(\vec{x}^{t+1}, \vec{y}^{t+1})}{D_0^{t+1}(\vec{x}^{t+1}, \vec{y}^{t+1})} \right) \left(\frac{D_0^t(\vec{x}^t, \vec{y}^t)}{D_0^{t+1}(\vec{x}^t, \vec{y}^t)} \right) \right]^{1/2}}_{(2)} \qquad (6-4)$$

式中，第一项和第二项分别计算得出的是技术效率变化指数和技术变化指数。将规模报酬变化所需的约束条件加入到计算式（6-4）第一项所涉及两个距离函数中，便可求解规模报酬变化假设下的纯技术效率变化指数。计算表达式如式（6-5）所示：

$$[D_0^{t,v}(\vec{x}^t, \vec{y}^t)]^{-1} = \mathrm{Max}_{\phi^v, \lambda^v} \phi^v$$

$$\text{s. t.} \qquad -\phi^v y_i^t + \vec{y}^t \lambda^v \geq 0$$

$$x_i^t - \vec{x}^t \lambda^v \geq 0$$

$$\lambda^v \geq 0$$

$$\sum \lambda^v = 1 \qquad (6-5)$$

经过一系列的过程，最终可以实现 Malmquist 生产率指数的分解，于是有：

$$M_0(\vec{x}^{t+1}, \vec{y}^{t+1}, \vec{x}^t, \vec{y}^t) = \mathrm{techch} \times \mathrm{effch}$$

$$= \mathrm{techch} \times \mathrm{pech} \times \mathrm{sech} \qquad (6-6)$$

式中，techch、effch、sech、pech 和 tfpch 分别为纯技术效率变化指数、技术变化指数、规模效率变化指数、技术效率变化指数和全要素生产效率变化指数。Malmquist 指数的优点在于能够将效率的逐年变化情况，动态地进行描述。

6.1.2　指标体系的选取

在严格遵循数据包络分析法指标选取原则的基础上，参考了众多专家学者的做法，结合陕西省装备制造业的实际，以及数据资料的可获得性，确定了三个输入指标和一个输出指标。具体的指标名称及其定义如表 6-1 所示：

表 6-1　指标名称及定义

指标名称		单位	解释
输入指标	年末平均就业人数　X_1	人	各行业年末平均用工人数
	固定资产投资总额　X_2	万元	以货币形式表现的在一定时期内全社会建造和购置固定资产的工作量以及与此有关的费用的总称
	能源投入　X_4	万吨标准煤	指一定时期内，消费的包括原煤和原油及其制品、天然气、电力在内的各种能源总和
输出指标	工业总产值　Y	万元	以货币形式表现的，企业在一定时期内生产的工业最终产品或提供工业性劳务活动的总价值量

6.1.3　数据来源及说明

在研究过程中，使用的数据主要来源于《陕西统计年鉴》（2012~2019年）和 2011~2018 年陕西统计公报中的陕西省装备制造业整体，以及七个细分行业的相关统计数据，或经过整理计算。需要说明的是，2012 年之后装备制造业数据统计口径由于调整而发生了较大变化，不再有统一的交通运输设备制造业统计数据，而是分别统计汽车制造业和铁路、船舶、航空航天及其他运输制造业两个行业的工业企业数据。为此，2012 年后我们将汽车制造业和铁路、船舶、航空航天及其他运输制造业对应的统计数据加总合并为交通运输设备制造业行业数据。

6.1.4　实证结果分析

运行软件，对以上收集的指标数据，分别从陕西省装备制造业整体和七个细分行业两个层面计算陕西省装备制造业及七个细分行业的 DEA-Malmquist 生产率指数，以及其分解结果。

（1）陕西省装备制造业整体逐年变动分析。

为了了解陕西省装备制造业整体的 Malmquist 指数变动情况，以及其分解情况，我们首先通过数据包络分析软件 DEAP2.1 对陕西省装备制造业从整体上进行 DEA-Malmquist 生产率指数计算并分解。具体的计算结果和变化趋势如表 6-2 所示。表中，effch、techch、pech、sech、tfpch 分别代表"技术效率变化指数""技术变化指数""纯技术效率变化指数""规模效率变化指数"和"Malmquist 生产率指数"。其中技术效率变化指数 = 纯技术效率指数 × 规模效率变化指数；Malmquist 生产率指数 = 技术效率变化指数 × 技术变化指数。全要素生产率值以 1 为界，表示效率较上一阶段提升或下降，如果全要素生产率的值大于 1，则表示效率提升，即其整体运行效率处于上升阶段；反之，则处于下降阶段。技术效率是对决策单元是否有效利用投入资源进行评价；规模效率则指的是决策单元的投入和产出之间是否达到最佳状态作出衡量；技术变化指数主要衡量所研究决策单元的技术水平变化情况，体现的是技术进步与技术创新，以上这些指标都是正向指标。

表 6-2　2011~2018 年陕西省装备制造业 Malmquist 生产率指数及其分解

年份	effch	techch	pech	sech	tfpch
2011~2012	0.947	1.015	0.957	0.990	0.961
2012~2013	0.982	1.194	1.012	0.970	1.172
2013~2014	1.020	1.201	0.999	1.021	1.226
2014~2015	1.052	0.935	1.030	1.022	0.984
2015~2016	0.975	1.353	0.986	0.989	1.319
2016~2017	0.929	1.169	0.972	0.955	1.086
2017~2018	1.017	1.061	0.991	1.026	1.079
平均值	0.988	1.125	0.992	0.996	1.112

注：effch、techch、pech、sech、tfpch 分别代表"技术效率变化指数""技术变化指数""纯技术效率变化指数""规模效率变化指数"和"Malmquist 生产率指数"。

表 6-2 中计算结果显示，我国 2011~2018 年陕西省装备制造业全要素生产率年平均增长率为 11.2%。从均值来看，技术效率变化指数、技术变化指数、纯技术效率变化指数、规模效率变化指数分别增长-1.2%、12.5、-0.8%、-0.4%。技术变化指数的增长对全要素生产率增长的贡献作用最大。从逐年变化来看，除 2011~2012 年和 2014~2015 年的生产效率分别出现了 3.9% 和 1.6% 的下降外，其余年份均处于增长的状态。2011~2012 年全要素生产率指数最低，为 0.961，原因在于纯技术效率变化指数和规模效率变化指数分别为几年中的较低水平，虽然该年技术效率变化指数并非无效率，但数值上略高于 1，难以抵消纯技术效率变化指数和规模效率变化指数的负向影响。从 Malmquist 指数呈现先上升，后下降，再上升，再下降的波动趋势。通过将 Malmquist 指数分解为技术效率变化指数和技术变化指数来分析，Malmquist 指数增加的年份，技术变化指数也表现为增加，可见 Malmquist 指数的增长主要得益于技术变化指数。通过将技术效率变化指数分解纯技术效率变化指数和规模效率变化指数来看，技术效率变化指数表现为无效的年份主要归因于规模效率变化指数的无效，并进而对 Malmquist 指数产生了拖累；规模效率变化指数大于 1 的年份，技术效率指数也大于 1，并进而对 Malmquist 指数产生正向贡献作用。为了验证和进一步观察，我们将全要素生产率指数、技术变化指数和规模效率变化指数绘制在同一张折线图中，如图 6-1 所示。

图 6-1 显示，技术变化指数在陕西省装备制造业全要素生产率变动中起到了非常重要的作用，而该指数除了一年效率值小于 1 外，其余年份效率值均大于 1，说明陕西省装备制造业致力于技术创新，开发具有高技术含量和自主知识产权的产品来提高自身竞争力。从规模效率变化指数的逐年变动来看，除了三年规模效率变化指数值大于 1 外，其余年份的规模效率变化指数值均小于 1，说明陕西省装备制造业还不具备规模优势。在技术创新的同时，兼顾规模扩大，能促使陕西省装备制造业全要素生产率的提高，并进而实现持续性发展。

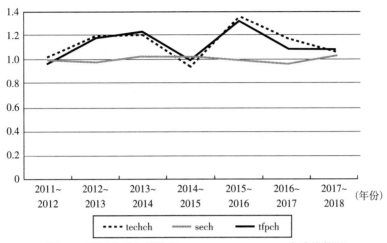

图 6-1　陕西省装备制造业 tfpch、sech、techch 变动趋势图

（2）七个细分行业的 Malmquist 指数计算及分解。

陕西省装备制造业七个细分行业的发展情况不尽相同，除了对陕西省装备制造业整体情况进行了解外，还需要对其七个细分行业作进一步分析。为此，我们将首先对七个细分行业的 Malmquist 指数均值进行分析。然后，分别对七个细分行业进行逐年分析和分解。

1）七个细分行业 Malmquist 指数平均值。

为了对陕西省装备制造业七个细分行业进行相互对比，运行软件可以得到七个细分行业年度间的全要素生产率，具体结果如表 6-3 所示。

表 6-3　2011~2018 年七个细分行业 Malmquist 指数均值

行业	effch	techch	pech	sech	tfpch
金属制品业	0.995	1.128	1.006	0.989	1.122
通用设备制造业	0.942	1.146	0.951	0.991	1.080
专用设备制造业	0.967	1.144	0.989	0.978	1.107
交通运输设备制造业	1.000	1.019	1.000	1.000	1.019
电气机械和机器制造业	1.003	1.119	1.003	1.001	1.123
计算机通信和其他电子设备制造业	1.010	1.129	0.997	1.013	1.140
仪器仪表制造业	1.000	1.201	1.000	1.000	1.201

注：effch、techch、pech、sech、tfpch 分别代表 "技术效率变化指数""技术变化指数""纯技术效率变化指数""规模效率变化指数"和 "Malmquist 生产率指数"。

七个细分行业的全要素生产率全部大于 1，尤其仪器仪表制造业和电气机械和机器制造业最为明显。交通运输设备制造业 Malmquist 生产率指数值相对最小，仪器仪表制造业的 Malmquist 指数值最大。计算机通信和其他电子设备制造业的纯技术效率变化指数值小于 1，但其规模效率变化指数值大于 1，抵消了对技术效率变化指数的冲击，从而最终结果表现为计算机通信和其他电子设备制造业的全要素生产率指数值在七个细分行业中处于中等水平。因此，可以说，规模效率变化指数对陕西省装备制造业具有非常重要的影响。不仅仅是陕西省装备制造业整体，具体行业来说，某些具体行业也缺乏规模优势，可以通过适当扩大规模来提高计算机通信和其他电子设备制造业的全要素生产率，进而促进其发展。

2）七个细分行业指数及分解。

除了七个细分行业的年度均值的对比，还可以对每个细分行业的 Malmquist 指数及分解的逐年变动进行逐个观察，以便进行深入分析。

①金属制品业。

对金属制品业 2011~2018 年的 Malmquist 指数及分解的逐年变动进行分析，具体计算结果如表 6-4 所示：

表 6-4　金属制品业 2011~2018 年 Malmquist 生产率指数及其分解

年份	effch	techch	pech	sech	tfpch
2011~2012	0.777	1.038	0.862	0.902	0.807
2012~2013	1.024	1.222	1.125	0.910	1.251
2013~2014	1.190	1.248	1.088	1.094	1.485
2014~2015	0.974	1.030	0.944	1.032	1.003
2015~2016	0.892	1.202	0.881	1.012	1.073
2016~2017	0.904	1.215	0.960	0.941	1.098
2017~2018	1.300	0.973	1.241	1.048	1.265

注：effch、techch、pech、sech、tfpch 分别代表"技术效率变化指数""技术变化指数""纯技术效率变化指数""规模效率变化指数"和"Malmquist 生产率指数"。

从 Malmquist 指数逐年变动来看，除第一年指数值小于 1 外，其余年份的指数值均大于 1。2011~2014 年和 2014~2018 年两个区间内 Malmquist 指数分别表现了递增的变动趋势。从 Malmquist 指数的分解来看，技术效率变化指数的变动主要受纯技术效率变化指数的影响，且 2011~2018 年金属制品业的纯技术效率变化指数值只有三年大于 1，其余年份均小于 1，进而导致技术效率变化指数值表现出多数年份出现小于 1 的情况。除最后一年外，2011~2018 年金属制品业的技术变化指数值均大于 1，因此，技术变化指数的上升趋势对技术效率变化指数的下降形成冲击，进而促使 Malmquist 指数值表现出较为理想的结果。通过指数变动及分解结果的分析，不难发现，金属制品业不断提高自身素质，提升其经营管理水平，注重技术创新，但是在优化企业资源配置，调整生产经营规模等方面还有待加强。

②通用设备制造业。

利用软件计算得到通用设备制造业 2011~2018 年 Malmquist 指数及分解的逐年变动结果，具体结果如表 6-5 所示。

表 6-5　通用设备制造业 2011~2018 年 Malmquist 生产率指数及其分解

年份	effch	techch	pech	sech	tfpch
2011~2012	1.000	1.093	1.000	1.000	1.093
2012~2013	1.000	1.181	1.000	1.000	1.181
2013~2014	1.000	1.232	1.000	1.000	1.232
2014~2015	1.000	0.968	1.000	1.000	0.968
2015~2016	0.891	1.285	1.000	0.891	1.144
2016~2017	0.850	1.162	0.950	0.895	0.988
2017~2018	0.872	1.127	0.740	1.178	0.983

注：effch、techch、pech、sech、tfpch 分别代表"技术效率变化指数""技术变化指数""纯技术效率变化指数""规模效率变化指数"和"Malmquist 生产率指数"。

观察表 6-5 的结果可知，通用设备制造业 2011~2018 年的 Malmquist 指数值表现不稳定、不规律，呈现上升、下降交替出现的波动变化趋势。

Malmquist 指数的分解结果显示该行业在所研究时间区间内的技术变化指数呈现波动变化趋势，保持了与 Malmquist 指数一致的变动趋势，因此，通用设备制造业 2011~2015 年 Malmquist 指数的变动主要受技术变化指数的影响，来自技术效率变化指数的影响非常弱。2015~2018 年通用设备制造业的技术效率变化指数值均小于 1，虽然技术变化指数值全部大于 1，但是最后两年也没能抵消技术效率变化指数的负向冲击，导致最终后两年的 Malmquist 指数值小于 1。因此，可以说，通用设备制造业在所研究时间区间内企业资源配置相对较好，生产投入产出规模也表现出较佳状态，但是在提高自身素质、优化内部经营管理水平方面做得还不够好。在长远发展中，需要注意加强技术创新，并进一步优化企业生产规模。

③专用设备制造业。

利用软件计算得到专用设备制造业 2011~2018 年 Malmquist 指数及分解的逐年变动结果，具体结果如表 6-6 所示。

表 6-6　专用设备制造业 2011~2018 年 Malmquist 生产率指数及其分解

年份	effch	techch	pech	sech	tfpch
2011~2012	1.010	1.039	1.013	0.996	1.049
2012~2013	1.024	1.224	1.034	0.990	1.253
2013~2014	0.780	1.288	0.805	0.970	1.005
2014~2015	1.188	0.969	1.143	1.039	1.151
2015~2016	0.992	1.219	1.000	0.992	1.210
2016~2017	0.949	1.199	1.015	0.935	1.138
2017~2018	0.878	1.106	0.948	0.926	0.971

注：effch、techch、pech、sech、tfpch 分别代表"技术效率变化指数""技术变化指数""纯技术效率变化指数""规模效率变化指数"和"Malmquist 生产率指数"。

表 6-6 计算结果显示，专用设备制造业 2011~2018 年 Malmquist 指数虽然也呈现波动变化趋势，但大部分年份指数值均超过 1，只有 2017~2018 年指数值小于 1。分析该年指数分解情况，纯技术效率变化指数值和规模效率变化指数值均小于 1，导致技术效率变化指数值小于 1。虽然

技术变化指数值大于 1，但由于技术效率变化指数值远小于 1，所以这种
负向冲击没能完全抵消。在其余年份，如 2014~2015 年技术变化指数值
虽然也小于 1，但这种下降趋势被当年技术效率变化指数的上升趋势抵
消。因此，可以说专用设备制造业 2011~2018 年这一时间区间内，注重
技术创新和自主知识产权产品的开发，但是内部生产经营管理水平和资
源利用效果有待加强。

④交通运输设备制造业。

利用软件计算得到交通运输设备制造业 2011~2018 年 Malmquist 指数
及分解的逐年变动结果，具体结果如表 6-7 所示：

表 6-7　交通运输设备制造业 2011~2018 年 Malmquist 生产率指数及其分解

年份	effch	techch	pech	sech	tfpch
2011~2012	1.000	0.827	1.000	1.000	0.827
2012~2013	1.000	1.167	1.000	1.000	1.167
2013~2014	0.780	1.288	0.805	0.970	1.005
2014~2015	1.000	0.758	1.000	1.000	0.758
2015~2016	1.000	1.413	1.000	1.000	1.413
2016~2017	1.000	1.222	1.000	1.000	1.222
2017~2018	1.000	0.924	1.000	1.000	0.924

注：effch、techch、pech、sech、tfpch 分别代表"技术效率变化指数""技术变化指数""纯技术
效率变化指数""规模效率变化指数"和"Malmquist 生产率指数"。

2011~2018 年交通运输设备制造业的 Malmquist 指数值表现出波动变
动趋势。表现为优的年份 Malmquist 指数值多数显著超出 1，而其余年份
则多数明显小于 1，整体呈现出"大起大落"的波动态势。同时，通过
Malmquist 指数的分解来看，在该研究区间内交通运输设备制造业的
Malmquist 指数的变动主要受到技术变化指数变动的影响，来自其他指数
变化的影响较弱。通过交通运输设备制造业 2011~2018 年的指数计算及
分解可以推测，该行业在所研究时间区间内企业资源配置较佳，生产投
入产出规模较优，但是在技术创新、提升内部经营管理水平方面需要持

续优化，同时需要注意与其生产经营相互配合。

⑤电气机械和机器制造业。

利用软件计算得到电气机械和机器制造业 2011~2018 年 Malmquist 指数及分解的逐年变动结果，具体结果如表 6-8 所示：

表 6-8　电气机械和机器制造业 2011~2018 年 Malmquist 生产率指数及其分解

年份	effch	techch	pech	sech	tfpch
2011~2012	1.024	1.049	1.020	1.004	1.074
2012~2013	1.000	1.222	1.000	1.000	1.222
2013~2014	0.953	1.241	0.976	0.976	1.183
2014~2015	1.050	0.975	1.025	1.024	1.024
2015~2016	1.000	1.149	1.000	1.000	1.149
2016~2017	0.866	1.208	0.896	0.966	1.046
2017~2018	1.155	1.020	1.116	1.035	1.178

注：effch、techch、pech、sech、tfpch 分别代表"技术效率变化指数""技术变化指数""纯技术效率变化指数""规模效率变化指数"和"Malmquist 生产率指数"。

2011~2018 年电气机械和机器制造业的 Malmquist 指数值及指数值的分解结果全部大于 1。电气机械和机器制造业的 Malmquist 指数值大于 1 的情况得益于其技术变化指数值正向冲击的作用比较大。除 2014~2015 年和 2017~2018 年外，其余年份电气机械和机器制造业的技术效率变化指数对该行业 Malmquist 指数的贡献相对要小一些。因此，电气机械和机器制造业在所研究时间区间内进行技术创新，开发高技术含量产品的程度更大。今后的进一步发展过程中，在技术创新过程中，技术创新注意与优化企业资源配置相结合，将能促进该行业向着更高程度发展。另外，通过电气机械和机器制造业指数值计算及分解情况，可知该行业相对前文分析过的四个行业，整体发展状态良好，为陕西省装备制造业整体的发展起到非常大的贡献作用。

⑥计算机通信和其他电子设备制造业。

利用软件计算得到计算机通信和其他电子设备制造业 2011~2018 年

Malmquist 指数及分解的逐年变动结果，具体结果如表 6-9 所示。

表 6-9　计算机通信和其他电子设备制造业 2011~2018 年 Malmquist 生产率指数及其分解

年份	effch	techch	pech	sech	tfpch
2011~2012	0.852	0.995	0.824	1.034	0.848
2012~2013	0.838	1.223	0.936	0.896	1.025
2013~2014	1.300	1.241	1.161	1.119	1.613
2014~2015	1.176	1.066	1.111	1.059	1.253
2015~2016	1.060	1.219	1.027	1.032	1.292
2016~2017	0.945	1.140	0.991	0.953	1.076
2017~2018	0.980	1.045	0.966	1.015	1.024

注：effch、techch、pech、sech、tfpch 分别代表"技术效率变化指数""技术变化指数""纯技术效率变化指数""规模效率变化指数"和"Malmquist 生产率指数"。

2011~2018 年，除了前两年外，计算机通信和其他电子设备制造业的 Malmquist 指数值均大于 1。对其逐年指数值分解进行分析，2011~2012 年 Malmquist 指数值小于 1，这种情况来自技术效率变化指数的拖累非常明显，而当年的技术变化指数也小于 1，因此没能对 Malmquist 指数起到正向贡献作用。而相比来说，2012~2013 年的技术效率变化指数值进一步下降，而当年的 Malmquist 指数有所上升，数值上大于 1，主要得益于技术变化指数的正向贡献。2013~2016 年各指数值均大于 1，2016~2017 年和 2017~2018 年的 Malmquist 指数值虽然全部大于 1，但是该两个时间段的技术效率变化指数值均小于 1，分别受到规模效率变化指数和纯技术效率变化指数的影响。分析这种变动趋势，推测可能原因为该行业一直同时致力于技术创新、优化企业生产资源配置，但是在部分年份缺乏相互配合，导致两方面的优化没能显现叠加优势，而更进一步的原因可能是企业生产投入产出的资源配置和规模没能跟上技术创新的步伐。

⑦仪器仪表制造业。

利用软件计算得到仪器仪表制造业 2011~2018 年 Malmquist 指数及分解的逐年变动结果，具体结果如表 6-10 所示。

表 6-10 仪器仪表制造业 2011~2018 年 Malmquist 生产率指数及其分解

年份	effch	techch	pech	sech	tfpch
2011~2012	1.000	1.088	1.000	1.000	1.088
2012~2013	1.000	1.125	1.000	1.000	1.125
2013~2014	1.000	1.213	1.000	1.000	1.213
2014~2015	1.000	0.821	1.000	1.000	0.821
2015~2016	1.000	2.225	1.000	1.000	2.225
2016~2017	1.000	1.048	1.000	1.000	1.048
2017~2018	1.000	1.267	1.000	1.000	1.267

注：effch、techch、pech、sech、tfpch 分别代表"技术效率变化指数""技术变化指数""纯技术效率变化指数""规模效率变化指数"和"Malmquist 生产率指数"。

2011~2018 年，仪器仪表制造业的 Malmquist 指数值逐年波动比较大，最低值仅为 0.821，而最高值达到 2.225。这一高值不仅是仪器仪表制造业逐年指数值的最高，也是七个细分行业及陕西省装备制造业整体所有 Malmquist 指数值中的最高值。仪器仪表制造业所研究区间内 Malmquist 指数的变动主要受到来自其技术变化指数的影响，来自技术效率变化指数的影响较弱。这一分解结果说明，仪器仪表制造业一直致力于技术创新，但在个别年份没能达到预期结果，没能通过高技术含量产品和自主知识产权产品的开发提高自身竞争力。而在逐年的生产中，减少要素投入或增加产出规模方面，使自身经营更接近有效生产前沿面。

（3）陕西省装备制造业 Malmquist 指数分解结果总结。

这一部分我们采用数据包络分析法对陕西省装备制造业 2011~2018 年的 Malmquist 指数分别从产业整体和七个细分行业两个层面进行了计算和分解分析。通过分析，我们得出以下几点结论：

第一，从陕西省装备制造业整体来看，所研究区间内其 Malmquist 指数呈现先上升，后下降，再上升，再下降的变动趋势。从指数分解结果来看，技术变化指数与 Malmquist 指数的变动趋势最为相似，对 Malmquist 指数的正向贡献作用最大。技术效率变化指数表现出的负向作用主要来源于规模效率变化指数的影响。这一分析结果与陕西省装备制造业现实发展及经济环境非常契合。在国家一直鼓励企业技术创新、自主研发，从"量产"到"质产"的背景下和相关政策引导下，陕西省装备制造业注重高技术含量和自主知识产权产品的生产，研发投入不断提高，技术创新能力逐渐提升。但是陕西省装备制造业在生产经营过程中，距离有效生产前沿面有一定差距，减少要素投入或增加产出规模的效应不是很明显。

第二，通过陕西省装备制造业 Malmquist 指数在所研究区间内基于行业维度的指数均值计算及分解结果来看，陕西省装备制造业七个细分行业的 Malmquist 指数全部大于1，尤其仪器仪表制造业、电气机械和机器制造业指数值最大。对 Malmquist 指数值偏低的行业进行指数分解可以发现，技术变化指数和规模效率变化指数对各行业指数值的影响最大。Malmquist 指数值的偏低主要源于技术变化指数的负向影响或规模效率变化指数的影响，而这种影响受到规模效率变化指数或技术变化指数的部分抵消。因此，从行业均值角度分析看，技术创新的同时，注重投入产出规模的调整、其余资源配置的相互配合，是促进陕西省装备制造业七个细分行业深入发展的关键举措。

第三，对金属制品业、通用设备制造业、专用设备制造业、交通运输设备制造业、电气机械和机器设备制造业、计算机通信和其他电子设备制造业、仪器仪表制造业七个细分行业 Malmquist 指数的逐行业分析和分解，我们发现各行业的情况有较大差别。从各行业对比来看，电气机械和机器设备制造业表现最优，交通运输设备制造业的表现最差，这一分析结果符合基于行业维度平均的分析。当然这一结论仅仅是通过 DEA-Malmquist 的分解得出的基于投入产出分析的结果。

总之，陕西省装备制造业需要进一步推广先进技术，强化研发投入的产出效果，以及企业资源的优化配置和投入产出规模。同时，还要注重陕西省装备制造业七个细分行业间的相互学习、合作交流，在追求技术进步的同时，注重投资或投产的有效规模，避免盲目性。

6.2 陕西省装备制造业可持续成长影响因素的多元线性回归

6.2.1 关键影响因素分析

深入细致分析不同影响因素对陕西省装备制造业可持续成长的作用，实际上是研究这些影响因素对陕西省装备制造业成长方向的影响。鉴于影响因素的多样性和复杂性，首先，根据陕西省装备制造业的实际、自身特点，以及所处环境特点，对陕西省装备制造业的影响因素从所处地域经济发展环境、政策、自身发展质量等方面，选取几个关键因素，对其可能的影响机制进行简要介绍。其次，将这些影响因素统一纳入模型，收集数据并进行经验检验。因此，这一节将从理论和实证两个角度对陕西省装备制造业可持续成长性的影响因素进行研究，以考察每一种影响因素对陕西省装备制造业可持续成长产生怎样的作用及作用程度。这将有助于后文陕西省装备制造业创新性发展路径设计的深入探讨。

（1）对外开放度。

对外开放度是指一个国家或地区经济对外开放的程度，具体表现为市场的开放程度。这一指标是衡量一国经济对外开放规模和水平的重要衡量标准之一。一个对外开放度高的地区，意味着该地区与国际市场的经济往来活跃，该地区引进高水平人才、获取高水平技术水平、进口先进设备和产品的可能性和机会增加。这些不仅有利于当地经济发展程度的提高，更有利于地区内产业发展及时获取深入发展所需技术、资源，实现可持续成长。

（2）市场结构。

在对陕西省装备制造业整体进行时间序列分析过程中，我们主要以陕西省装备制造业整体企业个数占陕西省内所有工业企业单位个数的比重来衡量。这一比重不仅能够展现陕西省装备制造业在陕西省整个工业中所占比重和重要程度，还能够对陕西省装备制造业在陕西省内所处的市场竞争程度进行粗略考量。陕西省装备制造业在地区工业企业中所占比重高，不仅能为地区经济发展贡献更多力量，也能得到更多政策支持，在地区经济发展，乃至全国经济发展中处于有利竞争地位，对于其长远发展是非常有利的。

在对陕西省装备制造业七个细分行业进行实证检验过程中，这一指标主要通过每个细分行业占陕西省所有工业企业单位数的比重来衡量，体现每个细分行业所处的市场竞争地位。

（3）研发支出。

研发支出指的是研究与开发过程中所使用资产的折旧、消耗的原材料、直接参与开发人员的工资及福利费、开发过程中发生的租金以及借款费用等研发活动。研发支出实际上也是一种投资行为，但相比一般的投资活动，收益不确定性和风险性更大。新经济条件下，研发支出在企业支出总额中比重越来越大，日渐表现为一种经常性支出、固定性支出，为企业发展和核心能力的形成提供一种不竭的动力。研发支出对于推动产业，尤其是制造业发展，效果明显。原因在于研发支出能够加快企业学习并吸收先进的国外技术，推进更新产品，提高产品质量，提升技术进步和技术效率，减少能源投入并增加期望的合意产出。

（4）创新程度。

在"以科技创新引领产业发展、以产业发展带动科技创新"的理念指引下，创新程度对于一个产业发展的重要程度越发彰显。研发支出的衡量是国家和地区对经济和产业发展的政策引领和企业对于创新的重视。而创新程度不仅能够体现这种研发支出的效果，更是衡量产业将研发活动有效实现的结果标准。产业发展程度高有赖于创新，创新程度高也意味着产业内部经营管理良好、资源运用合理，对于行业前景和技术把握及时、准确，一定程度上能体现产业发展质量。

（5）成本费用利润率。

成本费用利润率是衡量产业发展质量的重要指标之一。一个产业的成本费用利润率越高，意味着该产业内部经营良好有序，各项资源利用得当，能够通过减少投入要素或增加产出规模的方式来实现产业发展。因此，我们预期该指标为正向指标，能够对陕西省装备制造业发展产生正向促进作用。

6.2.2 变量选取及数据说明

（1）被解释变量。

我们此处实证分析的被解释变量采用前文通过 DEA-Malmquist 指数计算得到的全要素生产率。全要素生产率的一般定义是指经济系统中的总产出量与全部生产要素真实投入量之比，但并非需要包含所有的生产要素，而是指经济增长中不能归因于有关的有形生产要素增长的那部分，因而全要素生产率增长率可以定义为经济产出中扣除资本、劳动、能源等全部投入的生产率，这部分生产率提高主要是由于技术创新和效率改进所致，以此来反映经济增长的质量（岳会和于法稳，2019）。根据全要素生产率的定义，选用陕西省装备制造业全要素生产率作为陕西省装备制造业可持续成长性评价的被解释变量。

（2）解释变量。

考虑到陕西省装备制造业产业发展特点、所处经济环境，以及数据可得性等因素，我们选取陕西省对外开放度来衡量陕西省经济发展程度和对外往来，以作为陕西省装备制造业所处经济环境的考量。利用市场结构、研发支出、创新程度、成本费用利润率来衡量陕西省装备制造业自身发展质量。预期这些因素都会对陕西省装备制造业可持续成长产生影响。其中，城市化水平利用陕西省城市人口占总人口的比例来表示；陕西省对外开放度用进出口贸易除以 GDP 来表示；市场结构用陕西省装备制造业企业个数与陕西省工业企业单位总数之比来表示；研发支出用研发支出经费来衡量；创新程度用有效发明专利数表示；成本费用利润率用利润额除以成本费用总和来衡量。这些指标数据全部来源于《陕西统计年鉴》《中国统计年鉴》的直接收集或整理计算。

6.2.3　模型的建立

为了方便后文研究和分析，研究过程中我们将以 TFP 表示全要素生产率，分别用 X_1、X_2、X_3、X_4、X_5 表示解释变量对外开放度、市场结构、研发支出、创新程度、成本费用利润率。结合计量经济学相关知识，我们构建实证模型，同时为了方便分析和说明，我们在模型中对各变量采用对数处理方式，具体模型如下：

$$\ln TFP = \alpha + \beta_1 \ln X_1 + \beta_2 \ln X_2 + \beta_3 \ln X_3 + \beta_4 \ln X_4 + \beta_5 \ln X_5 + \varepsilon \qquad (6-7)$$

其中，α、β_1、β_2、β_3、β_4、β_5 为变量系数，ε 为随机误差项。当各变量系数显著为正时，表示其所对应的变量值越大，对全要素生产率的影响越大。

6.2.4　实证结果

利用 Eviews6 软件，我们对陕西省装备制造业从整体和七个细分行业的角度进行多元线性回归，以判断各解释变量对陕西省装备制造业成长性的影响程度和方向。

（1）基于陕西省整体的多元线性回归。

对陕西省装备制造业从整体角度进行影响因素检验，多元线性回归结果整理汇总如表 6-11 所示。

该回归结果的 R^2 值为 0.614，F 值为 0.21，说明模型的拟合优度较好，具有一定的显著性。从各变量的影响系数来看，对外开放度对陕西

表6-11 陕西省装备制造业整体多元线性回归结果

解释变量	对外开放度	市场结构	研发支出	创新程度	成本费用利润率
回归系数	-0.944335	5.228588	1.939256	0.388138	-0.933069

省装备制造业全要素生产率的影响为负，说明陕西省装备制造业对陕西省对外开放度的依赖性小。这可能一方面是由于所研究区间内陕西省装备制造业相关产品并不具有出口优势，生产所需原料对外依赖度低；另一方面在2012年次贷危机对全球经济的影响下，陕西省装备制造业受到了影响。两方面因素导致最终显示陕西省装备制造业对地区对外开放度依赖性小。市场结构对陕西省装备制造业产生正向影响，说明装备制造业在陕西省整个工业体系中占有重要的地位，市场竞争力较强，对其成长起到了促进作用。研发支出和创新程度也为正向促进因素，说明陕西省装备制造业近年来一直致力于技术创新，取得了一定成绩，为其发展提供了动力，这与前文DEA-Malmquist指数的分析结果一致。最后一个变量，成本费用利润率在所研究区间内并不是陕西省装备制造业成长的促进因素，说明陕西省装备制造业的成本费用利润率从整体上来说还没有达到非常理想的水平，属于投入产出规模无效率，也印证了前文分析结论。

（2）基于细分行业的多元线性回归。

为了对陕西省装备制造业进行深入、细致的分析，在对陕西省装备制造业进行整体分析的基础上，我们分别基于每个细分行业进行实证检验，以进一步判断各解释变量对各细分行业全要素生产率的影响。具体的实证结果如表6-12所示。

表6-12的结果显示，陕西省对外开放度对金属制品业、专用设备制造业、电气机械和机器设备制造业均为正向促进因素，说明这三个细分行业对地区对外经济的依赖程度较大，尤其是金属制品业。市场结构对通用设备制造业、电气机械和机器设备制造业、仪器仪表业起到正向促

表 6-12　陕西省装备制造业七个细分行业多元线性回归结果

变量系数＼行业	金属制品业	通用设备制造业	专用设备制造业	运输设备制造业	电气机械和机器设备制造业	计算机通信和其他电子设备制造业	仪器仪表制造业
对外开放度	5.304173	−0.318073	3.265271	−2.048222	0.122194	−0.584190	−0.425013
市场结构	−10.12948	0.018531	−10.49647	−10.69062	1.110128	−2.682124	8.804284
研发支出	−6.238352	0.064756	−1.508934	−0.743657	0.120447	−0.164942	1.238848
创新程度	−5.171685	−0.012932	−0.477300	1.126873	−0.085741	0.251655	−0.128294
成本费用利润率	4.154565	0.003384	1.783142	0.527111	−0.277898	0.311160	−0.537872
R^2	0.943887	0.483260	0.977713	0.952376	0.913581	0.983477	0.652112
F	3.364240	0.187042	8.773734	3.999605	2.114304	11.90440	0.374898

进作用，表明这三个细分行业在陕西省整个工业体系中处于有利的竞争地位，进一步促进其市场结构有利于其成长性提高。研发支出和创新程度两个变量对金属制品业和专用设备制造业均表现为负向效应，这一结果表明金属制品业和专用设备制造业的研发活动和创新效应不强，没能对行业发展起到推动作用。对于通用设备制造业、电气机械和机器设备制造业、仪器仪表制造业这三个行业来说，研发支出表现为正向效应，而创新程度表现为负向效应，可能是这三个行业重视和致力于研发活动，对研发活动的投入支出给予很大的支持力度，这种研发投入的促进作用还存在进一步提升的空间，但是研发活动的产出效果不明显，相对于行业发展来说，创新程度较低。对于其余两个细分行业，运输设备制造业、计算机通信和其他电子设备制造业来说，研发支出表现为负向效应，而创新程度表现为正向效应，说明这两个行业在进一步发展过程中应该降低研发支出，而继续推广现有创新成果的转化。成本费用利润率指标对电气机械和机器设备制造业、仪器仪表制造业的作用表现为负，而对其余五个细分行业的作用表现为正，说明电气机械和机器设备制造业、仪器仪表制造业的成本费用利润率较低，需要进一步提高投入产出效率。

6.3 本章小结

鉴于产业成长性影响因素的研究还不成熟，本章同时采用 DEA-Malmquist 指数法和多元线性回归法相结合的方式，对陕西省装备制造业可持续成长性的影响因素进行了研究。首先，采用 Malmquist 指数对陕西省装备制造业从整体维度和七个细分行业维度分别计算全要素生产率，并通过指数分解的方式可以对陕西省装备制造业影响因素从投入产出角度进行分析。其次，在多元线性回归分析过程中，以全要素生产率指数作为陕西省装备制造业可持续成长的被解释变量，从陕西省对外开放程度、陕西省装备制造业在省内工业体系中所处地位、自身发展质量等方面分别选取解释变量，同样基于整体层面和细分行业层面进行实证检验，判断各解释变量对陕西省装备制造业可持续成长性的影响。通过分析，我们认为：第一，从整体上来说，陕西省装备制造业在国家相关政策引导下，致力于技术创新，加大研发投入力度，在自主知识产权和高技术含量产品生产上取得了一定的成绩。但是陕西省装备制造业目前仍有很大的提升空间，原因在于对外开放度、成本费用利润率等因素仍为负向因素，说明陕西省装备制造业的粗放型发展阶段还未彻底转变。第二，从各细分行业的角度来说，不论是全要素生产率指数及分解，还是影响因素的影响方向，各个细分行业的情况存在很大差异。金属制品业需要优化资源配置和投入产出规模，尤其是研发活动投入规模，积极引进先进技术，促进相关成果转化。通用设备制造业需要在优化内部经营管理的同时，促进研发成果转化运用。专用设备制造业需要进一步提高技术创新水平，提高市场竞争力。运输设备制造业、计算机通信和其他电子设备制造业需要提升在本地市场竞争力，降低对外经济的依赖。电气机械和机器设备制造业需要在优化投入产出规模，提高利润率水平上加大力度。仪器仪表制造业需要降低对外经济依赖度，强化新技术、新产品的转化效果。第三，通过对各细分行业的深入分析，可以发现各个细分行业之间存在着很大不同，但不可否认的是，各细分行业都在积极通过这种措施促进本行业的提升。在今后的发展过程中，除了补齐自身短板之外，还需要与其他六个细分行业交流合作，将规模效应发挥到极致。

第 7 章

国内外典型经验

陕西省装备制造业经过长期发展和积淀,有了较为深厚的发展基础,在未来也有很大的发展提升空间。为了保证陕西省装备制造业抓住机遇,实现真正意义上的创新性发展,不但要对自身成长性有正确的判断、对自己发展空间有准确预测,还要对国内外典型地区或国家装备制造业的成功发展经验进行总结,吸收借鉴可供利用的先进措施。为此,本书将分别就国内、国外两个层面的相关典型经验进行梳理,并总结对陕西省装备制造业的启示。

7.1 国内典型经验

我国装备制造业从地理上可以划分为东北老工业基地、西部地区、京津冀地区、中部地区和长三角地区。这些地区的装备制造业之和几乎占据了全国装备制造业全部。长三角地区的装备制造业在全国范围相对处于发展前列,具有明显的相对优势,中部地区较其他地区而言发展较为缓慢。本书从以上五个地区中分别选择了典型省市分析其装备制造业发展的经验。东北老工业基地中,辽宁省装备制造业起源早,具有历史背景。沈阳市的装备制造业发展较为充分,大连市有独特的港口优势,鞍山市钢铁资源丰富，所以，本书选取辽宁省、沈阳市、大连市、鞍山市的装备制造业作为东北老工业基地的代表。西部地区选取内蒙古装备制造业来分析。京津冀地区中北京市装备制造业发展最好，且具有明显的区位优势，为此，在京津冀地区装备制造业中重点对北京装备制造业进行研究。长三角地区中，上海市、安徽省、江苏省、浙江省装备制造业各有特色，其中尤以上海市装备制造业发展程度最高。中部地区包括山西、河南等省份，河南省地处中原地带，装备制造业发展较为稳定，山西省煤矿资源丰富，且装备制造业发展较为曲折，更具探讨价值。

7.1.1 东北老工业基地

产业链较长是东北地区装备制造业的主要特点，从横向产业链来看，该地区装备制造业和一般制造企业的产业链一致，包括开发阶段、设计阶段、生产阶段、装配阶段、营销阶段等。从纵向产业链看，东北老工业基地装备制造业主要发展四个行业，钢铁制造业、电子元器件制造业、金属容器包装制造业、橡胶等化学原料制造业。东北地区的装备制造业产业链并不完整，企业的精力主要投入在加工制造环节，忽略了研发、销售等环节。然而，在产业链中，研发、销售环节能创造的经济增加值最高，加工制造环节产生的经济增加值较低。技术创新对装备制造业企业而言，是创造利润的关键环节。一个企业技术型无形资产的数量直接影响到企业的利润水平。技术型无形资产获得的主要途径是自主开发。因此，研发环节直接决定企业是否能够取得长足的发展。但是，东北地区装备制造业的产业链中，忽视了对研发能力的关注，也正是由于这一原因，导致东北地区装备制造业的辉煌只是一时而无法长久。对研发阶段缺少足够的重视，会导致产品同质性较高、无法获得竞争优势。下面以辽宁省和沈阳市为例，总结东北地区装备制造业的发展历程和发展经验。

（1）辽宁省装备制造业。

辽宁省是全国的重工业核心，发展路径是以装备制造业为中心带动其他产业协同发展。辽宁省的装备制造业主要有石化、冶金、造船、机车、发电等大型设备。其中，大型成套的发电设备占全国总体的比例超过一半。辽宁省的重型产品在全国范围内具有优势，辽宁省已成为不可取代的重型成套设备生产中心。辽宁装备制造业的发展主要经历了以下几个阶段：

第一阶段：生产规模的扩大。从 20 世纪 50 年代开始，政府对东北重工业的政策支持促进了辽宁装备制造业的建立。20 世纪 50 年代的经济形式是计划经济体制，在这一阶段中，国家提出了"第一个五年计划"和"第二个五年计划"。"第一个五年计划"期间国家在辽宁省投资 65.1 亿元。这一阶段主要发展了装备制造业的规模，制造能力较强，但是技术水平没有大的创新，生产过程中的技术主要采取模仿的方式。

第二阶段：创新投入。这一阶段的发生时间从 20 世纪 80 年代持续到 20 世纪末。有了第一阶段的积累，生产规模已经接近饱和，资源优势、制度优势逐渐减少。经济体制由计划经济向市场经济转变，政策优势在这样的背景下逐渐变弱，市场竞争增大，生产规模的一味增加并不能很大程度上提高核心竞争力。提高核心竞争力的关键在于创新。针对越来越激烈的市场竞争，辽宁省在技术创新上投入了更多的人力和物力，在第二阶段辽宁省走自主创新的发展道路，逐步形成技术优势。

第三阶段：产业中心形成。这一阶段的发生时间从 21 世纪初持续至今。从 21 世纪初开始，国际间的合作加强，我国企业与外国企业的合作逐渐增多。辽宁省本身就有明显的区位优势，与韩国、日本、朝鲜距离较近，贸易往来便利。经过前两个阶段的发展，辽宁省装备制造业有了产业规模和技术创新的基础，应对国际上企业间竞争更加从容，也拥有了更多的合作机会，核心竞争力逐渐形成。种种优势逐渐促进了辽宁省装备制造业在国际市场上的地位，以创新为驱动，在国内和国际市场上拥有一席之地。

（2）沈阳市装备制造业。

长期以来，装备制造业是沈阳市的支柱性产业。沈阳市属于辽宁省管辖，其发展阶段与辽宁省的发展阶段一致，主要路径为"引进—消化—吸收—再创新"。沈阳市是国内著名的制造业示范区，以机床、石化通用设备、重型矿山设备、输变电装备为代表。目前沈阳市的产业布局为"三大聚集区"和"两大配套区"。沈阳市将目光投向国际市场，并且制定了打造世界级装备制造业基地的发展战略。为实现该目标，沈阳市提出并实施了以下三项重要举措。

1）生产、扩散大型装备机器的零部件，重组产品组合，推进产品配套化。

这一举措对产品配套化加大了关注，能有效弥补之前重机器主体，轻配套零件的盲点。该项举措对沈阳装备制造业的发展具有重要意义，是其走向国际化、高端化的重要途径。

2）将具有影响力和规模的企业总部聚集起来，打造区域发展。

该项举措不仅有利于在沈阳市形成产业集群，更有利于吸引除制造业之外的企业加入，如酒店、餐饮等。同为装备制造业的企业聚集在某一个区域之内，一方面能促进企业之间的交流与合作，另一方面企业之间在一个区域内聚集的企业之间的竞争会加剧，有利于激发企业潜能、提高创新能力。长此以往，公开公正的竞争有利于将沈阳市总体的装备制造业提升至更高的高度。不同类型的企业聚集在一个区域之内，如供应商、生产商、批发商、零售商聚齐，能节省渠道间的成本，实现各方利益最大化。

3）广泛吸引人才。

优秀的人力资源是企业发展的保障，对一个城市而言，更是如此。沈阳市的企业数量较大，要想实现装备制造企业发展至国际顶尖水平，必须吸纳优秀的人才。沈阳市对优秀的人才有许多政策方面的支持，除此之外，部分企业为人才提供了优质的生活条件以及配套设施。

（3）大连市装备制造业。

相较于国内大部分城市，大连具有明显的地理优势。大连与日本、韩国等经济发达的国家隔海相望，成为东南沿海和国际市场的重要通道。在对外开放的背景下，大连独特的港口不仅带动了船舶业的发展而且吸引了外商的目光，为大连带来了许多商机。目前装备制造业已成为大连第一大产业，对经济发展起到了积极的拉动作用。装备制造业是劳动较为密集的产业，产业链上的各个环节都需要专业的人员。因此，大连市装备制造业有效缓解了城市就业压力。大连装备制造业起源较早，距今约有 130 年的历史。大连市第一家装备制造业是 1890 年清政府在旅顺建立的修理船坞。从 1890 年至今，大连装备制造业取得了长足的发展，总结其发展历程，以下经验值得借鉴。

1）促进产业集群发展，布局产业园区建设。

大连建立了十大产业园区，长兴岛临港工业区是大连市的十大园区之一，其主导产业是造船业，该园区的建立建成标志着长兴岛船舶及海工产业园走向了世界级的高度。

2）对高端国际市场和新兴国家潜在市场进行战略布局，发现隐藏商机。

大连的装备制造企业在国内的市场份额已经饱和，预期国内市场增长率进入瓶颈期，在这种形势下，众多企业纷纷寻找优势企业合作，实行强强联合战略，优势互补，增强自身实力，进入高端国际市场。其中，大连重工成功与巴西的知名企业建立了合作关系，与巴西伍德布鲁克传动系统集团签订了战略合作框架协议。

（4）鞍山市装备制造业。

近年来，鞍山市的经济取得了迅猛发展，钢铁产业、装备制造业、矿产品加工业等重工业对经济发展的不可替代的力量。其中，装备制造业已成为全市乃至全省的核心产业，鞍山市将装备制造业作为支柱型产业。传统的装备制造业在市场中逐渐丧失优势，鞍山市通过对本市资源重新整合，将装备制造业高端化发展。作为国家七大战略性新兴产业之一，高端装备制造业对传统的装备制造业起到了引领、带动的作用。鞍山市装备制造业的发展经验可以总结为以下几点：

第一，高新技术促进传统装备制造业向高端装备制造业发展。鞍山市的装备制造企业起源较早，主要依赖传统的生产制造技术，鞍山市的装备制造业发展稍有落后，东北地区其他装备制造业的技术上的进步带动了鞍山市对高新技术的关注。通过与技术发达的地区交流，鞍山市引进了技术和产品，广纳技术性人才，使得本市的装备制造业高端化、先进化。为促进装备制造业的转型升级，鞍山市2018年规划了92个重点项目，并由市工信委带头为企业搭建交流平台。此外，鞍山市利用信息化手段，在高端装备制造业的基础上发展现代装备制造业，呈现出智能化、先进化的特点。

第二，利用本地优势，围绕鞍钢需求发展装备制造业。鞍山市具有丰富的钢铁资源，钢铁加工业是本市工业经济的主导力量。在发展装备制造业时，鞍山市结合自身的资源优势，因地制宜，制定了适合本市现状的发展策略。围绕鞍钢的需求，为其生产所需要的设备和产品。装备制造业产业链条较长且环节复杂，鞍山市将钢铁元素融入本地的装备制造业链条中，建设具有特色的产业链。因为该产业链中有钢铁元素的加入，具有不可复制性，为鞍山市装备制造业竞争力的提升提供了基础。

第三，在"一带一路"背景下，鞍山市扶持企业延伸海外业务。"一带一路"倡议为企业"走出去"提供了政策支持。通过海外并购，鞍山市装备制造企业获得了技术、产品、人才，扩大了企业规模。[1]促进企业的快速发展。海外并购使得制造企业获得了30多项国际先进技术。这些技术将成为企业宝贵的无形资产，是企业获得竞争优势的重要资源。

---

① 东方财富网《鞍山装备制造业图变》。

7.1.2　西部地区

西部地区的装备制造业走国防化道路，通过多年发展，西部地区的装备制造业已初具国防化雏形。该地区装备制造业多服务于国防建设的需求，后通过军转民，发展了一批民用装备制造业。装备制造业是西部地区发展的支柱型产业，对经济具有重大贡献。

以内蒙古装备制造业为例：

内蒙古的装备制造业相比东北老工业基地起步较晚，属于内蒙古的新兴产业。虽然起步晚，但是发展速度快，短短几十年间，装备制造业已成为该地区的支柱型产业。内蒙古的装备制造业主要有交通运输制造、工程机械制造、汽车制造、装备工业等。近年来，内蒙古形成了产业集群效应并建立了产业园。并且内蒙古下属的市级地区，如包头市、呼和浩特市、鄂尔多斯市等，产业集群效应已经初步显现。内蒙古装备制造业的发展经验可以概括为两个方面：

第一，建立培育基地，促进产业集中。呼和浩特市、包头市、鄂尔多斯市是内蒙古装备制造业发展的"金三角"，其中，呼和浩特市是重要的汽车制造基地，该地区的汽车产业起步时间较晚，但是发展速度快，"北方奔驰""北方重汽"均是该基地的知名企业。汽车制造业已经成为该地区的龙头产业。包头市和呼和浩特市的汽车产业也呈现出快速发展的势头。包头市的青山区是一个重要的产业集群区，该聚集区有五大产业：核电装备、化工装备、矿产装备、冶金装备、新能源装备。

第二，重点项目专项资金扶持，鼓励技术创新。该地区装备制造业起步晚，但是能快速发展的原因之一是政府对产业的扶持，表 7-1 为内蒙古自治区为鼓励装备制造业发展制定的相关政策。

如表 7-1 所示，从 2013 年开始内蒙古制定了相关装备制造业发展的相关政策。内蒙古在 2013 年已经规划了该省装备制造业发展的方向，制定了 2013~2020 年装备制造业发展的阶段性目标，煤电设备是该阶段的

表 7-1 内蒙古为鼓励装备制造业发展制定的相关政策

制定年份	政策名称	政策内容
2013	《内蒙古自治区现代装备制造产业发展规划 2013~2020》	依托自治区能源、化工、有色大基地建设带动形成的大项目、大市场，积极联合区外大企业集团，大力推动和发展煤化工设备、电力配套设备等制造产业
2014	《内蒙古自治区人民政府关于进一步支持现代装备制造业加快发展的若干意见》	制定了税收金融政策：①在自治区重点工业园区、集中区新办的符合产业发展方向的现代装备制造企业，除已享受煤炭及其他资源配置的企业外，其项目所得自第一笔生产经营收入所属纳税年度起，第一年至第二年免征企业所得税地方分享部分，第三年至第五年减半征收企业所得税地方分享部分。②对设在我区的鼓励类装备制造企业，减按 15%税率缴纳企业所得税
2014	《内蒙古自治区装备制造业发展专项资金管理办法》	设立专项资金发展装备制造业，专项资金主要支持技术改造、为装备制造龙头企业配套的新建投资、农牧业机械新产品研发和新建投资、装备制造"首台套"四个项目
2016	《内蒙古自治区首台（套）重大技术装备认定管理暂行办法》	经国家有关部门认定为国内首台（套）重大技术装备（成套装备总价值在 1000 万元以上，单台设备价值在 500 万元以上，总成或核心部件价值在 100 万元以上且销售收入超过 1 亿元的）的生产企业，给予 300 万~500 万元的补助，同时争取国家有关部门的专项支持；对经自治区经济和信息化委认定的区内首台（套）重大技术装备且近三年产品销售收入超过 1 亿元以上的生产企业，给予 100 万~200 万元的补助

重点行业。在明确发展方向的基础上，内蒙古制定了税收减免政策和设备专项补贴政策，从表中数据可以看出，政府在税收减免和设备补贴上的力度很大。这有利于企业研发产品、更新设备，减少企业的后顾之忧。

内蒙古自治区政府为装备制造业设立了专项资金，每年 6000 万元扶持产业发展。在政策的扶持下，内蒙古的装备制造业已经基本实现了从生产模仿到技术创新的跨越。政策的扶持不仅促进了国有制造业的飞跃发展，相当数量的民营装备制造业如雨后春笋般涌起。

7.1.3 京津冀地区

京津冀地区主要包括北京市、天津市和河北省。该地区中，北京的装备制造业发展最好，天津次之。由于贫困农村地区的存在，河北省的装备制造业发展较为落后。在全国发达地区的地理分布图中，京津冀经济区并不突出，甚至一度出现了滞后的局面。京津冀地区的经济崛起发生在 2006 年和 2008 年。2006 年，天津滨海新区开发开放。2008 年经过金融危机的京津冀经济区利用自身优势实现"弯道超车"，改变了之前落后的局面。北京的装备制造业基础较为薄弱，但是并非不可发展。北京具有区位优势，发展空间广阔。

（1）北京市装备制造业。

北京地区装备制造业细分行业差异显著，总体来看装备制造业的发展水平仅次于长三角地区，但是七个细分行业差距较大。在装备制造业的发展过程中，北京市主要采取了如下举措：

1）充分利用各种资源，重点板块重点发展。"十二五"期间，北京市的装备产业发展重心集中在新能源装备、节能环保装备、高端制造装备三个板块。北京具有地理优势，而且是全国的政治中心。北京高质量的大学数量较多，所以北京市有足够的人才资源储备。此外，中关村自主创新示范区有效地映射到了周围区域。北京在技术方面具有先发优势，相比其他省市而言，北京站在一个高的起点上。在具备人才、技术、地理位置、生产资料等关键性条件后，北京装备制造业取得了长足的发展。

2）合理布局产业分布，产业集聚态势呈现。北京市一批重点项目的参与企业已经完成了搬迁改造，部分装备制造企业完成了增资扩产。为了推动产业布局，调整产业结构，北京市建立了产业园区。如丰台科技园、亦庄开发区、酒仙桥电子城、海淀产业园等，产业集群规模已经形成。

3）稳定营商环境，刺激市场需求旺盛，为装备制造企业创造市场空间。长期以来，北京在国际上的知名度较高，制造企业与外商合作的机会多，技术革命和经济全球化不断深入，发达国家的装备制造业向我国转移。北京的人才、技术、地理位置等在全国范围内具有相对竞争优势，因此，本地区的装备制造企业容易在短时间内快速成长。

（2）河北省装备制造业。

河北省装备制造业的发展经验主要可以归结为两点：打造工业园区

和提高对外开放度。

首先，唐山曹妃甸工业区是河北省著名工业园区，该园区内多产业协同发展，已成为河北省经济发展的"第一增长点"，唐山曹妃甸工业区不仅实现了自身园区多产业的发展，而且带动了河北省其他工业园区的建成和发展，有利于河北省根据装备制造业发展情况进行合理布局和产业转型升级。河北省在唐山曹妃甸工业区的基础上又发展了装备制造业基地和天山制造业基地。

其次，为加强与国际市场的交流，占据装备制造业的国际市场，天津市于 2006 年成立了天津滨海新区。天津滨海新区地处天津东部沿海，是渤海经济圈的中心地带。因此，是天津装备制造业走向国际市场的重要通道。滨海新区占地 2270 平方千米，常住人口 248 万人。滨海新区的发展带动了河北省的经济发展，2010 年生产总值首次超过浦东新区。滨海新区是中国北方对外开放的门户、高水平的现代制造业和研发转化基地、北方国际航运中心、宜居生态型新城区，是国家重点支持开放的国家级新区。目前，滨海新区发展的战略定位是加快建成"立足天津、辐射三北、服务全国面向东北亚的世界性加工制造基地和国际现代物流中心"，从而带动区域经济发展。

7.1.4　长三角地区

长三角地区是经济最发达，人口最密集，交通最便利的地区，主要包括上海市、浙江省、安徽省和江苏省。上海市目前是长三角地区装备制造业发展程度最好的地区。安徽省和浙江省在长三角地区发展速度居中等水平，江苏省较为落后。

因为长三角地区靠近国外部分城市，有利于进出口，所以形成了长三角经济区的区位优势。进出口活动增多，有利于长三角地区的经济发展。从国际分工和价值链布局来看，19 世纪末，长三角地区能发展起来的原因主要是较为廉价的劳动力，劳动密集型的产业多分布在长三角地区。此外，长三角经济区的产业布局有待完善，企业同质性较大。城市之间的主导产业几乎相同，不利于各城市产生自身竞争力。

近年来，长三角经济区不仅致力于提高装备制造业的核心竞争力，将重心放在研发环节，而且也发展了一些配套产业。例如金融业、物流业。金融业为装备制造企业提供了资金支持，物流业有利于产品的销售，并且能将一个城市的生产中心、出口商品辐射至其他城市。各产业之间无缝对接提高了长三角经济区制造业的国际竞争力，这里我们主要对上海市装备制造业和安徽省装备制造业的典型经验进行总结。

（1）上海市装备制造业。

上海市依据得天独厚的地理优势，快速发展的经济环境，在 50 年之内将装备制造业从国内走向国际。优势背后隐藏着潜在的威胁，2008 年经济危机爆发之前，上海的装备制造业相当一部分利润来自于海外业务，该地区的装备制造业一个明显的特点是以出口为导向，对外贸的依存度较高。经济危机的爆发严重限制了上海装备制造业的发展，欧美国家意识到制造业对本国经济的作用，提出"再工业化"，此时，上海的装备制造业外部环境极其不稳定。经历金融危机之后，上海装备制造业认识到自身的优势与不足，扬长避短，主攻国内市场。其成功经验可总结为：

1）上海市的装备制造业走高端发展的路线。上海市目前已经形成产业集聚的良好局面，主要以临港、长兴岛等基地为中心向四周扩散。事实证明，产业集聚效果显著，对高端装备制造业的发展有积极的促进作用。

2）在上海市装备制造业发展的过程中，国家政策给予了大量的扶持，主要体现在人才支持。2013 年上海机电学院依托学科优势、根据学校学科特点和学校性质成立了"上海装备制造产业发展研究中心"。该中心成立的目的在于在全球价值链分布的情况下，把上海的装备制造业从低附加值的环节中解放出来，重点从事能产生高收益的生产活动。为将上海市的装备制造业高端化，上海市在 2017 年 2 月，出台了《上海促进高端装备制造业发展"十三五"规划》。

3）上海高端制造业走注重科研能力培育的发展模式：科研—生产加工—科研，研发能力是上海装备制造业的发展源泉，已成为其优势所在。科研有利于技术的创新与升级。上海技术创新水平的提高主要体现在设备的改造升级和技术突破，如核电设备、火电设备和海洋工程设备等。研究中心是科研人员进行研究工作的载体，上海市高校众多，人力资源充足，硕士、博士以上的研究人员较多。通过投资建成研究中心，大部分装备制造企业吸纳优秀的研究型人才为企业研发部门增添力量。截至2018年底，上海市拥有数家大规模的装备制造产业研究中心，其中企业技术中心最多，可见上海市装备制造企业的创新意识很强烈，管理经验比较先进。

4）上海市产业聚集主要方式是通过大项目拉动。上海市历来关注大项目对产业的作用，这些大项目之间相互作用，并非独立的单个项目，具有较强的系统性。通过大项目的实施，上海市促进了产业集聚的形成，提升了设备产品的技术水平，优化了生产流程。国家规划重点发展的装备产业领域有16个，临港装备产业基地争取到8个项目，占到一半的比例。

（2）安徽省装备制造业。

近年来，安徽省大力推动产业集群，在园区内实现各产业融合、互补发展。并且产业集群效果显著，实现了六大制造基地的聚集。六大制造基地分别为：工程机械制造、两淮煤机装备制造、沿江船舶制造、芜湖节能装备制造、蚌埠环保设备制造和马鞍山冶金装备制造。这六大制造基地通过利用各方面资源，并将各种资源进行整合，发挥资源优势，注重研发能力的培养，生产技术得到大幅提高。产品走高端发展的路线，从基础化向高端化发展，在重型叉车、大功率低速柴油机、大型数控机床、大型数控液压机、双钢轮垂直振动压路机、盾构机等方面已处于国内先进水平。除这六大制造基地之外，其他产业也出现聚集的局面。由此可见，六大制造基地不仅发展态势良好，而且带动了其他产业聚集的形成，辐射范围较广。

安徽省的装备制造业起源时间较早，经过几个阶段的发展，行业中涌现出了一批优势企业。安徽叉车集团和合肥锻压集团大型液压机是行业中的龙头企业，就产量和产值两项指标来讲，这两家公司在全国同行业中遥遥领先。在国际上，海螺川崎公司已在多个国家成功推广应用 155 套余热发电机组，年发电量 143 亿度，淮南长壁公司煤机综采成套设备研制成功并首次销往澳大利亚。龙头企业的涌现和新产品的研发成果不仅证明了安徽省装备制造业实力雄厚，更说明了其在国内、国际市场上大有可为。

安徽省发展装备制造业有两大优势：区位优势和资源优势。从全国所处的地理位置来看，安徽省具有区位优势，占地面积约 14 万平方千米，处于较为发达的华东地区，并且东南西北都有省份相连，交通十分便利，有利于产品的运输和销售。安徽省的东面是江苏省和浙江省，北面是山东省，江苏省和浙江省属于沿海发达地区，比安徽省经济发展略好，能够对安徽省的发展起到带动作用。河南省、湖北省地处安徽省的西面，江西省位于安徽省的南面。安徽省的周围均为发展较好的城市，便于省份之间产品、生产技术的沟通与交换。从全国范围内看，安徽省的地理位置具有独特的优势。这种区位优势将有利于安徽省装备制造业有效承接东部产业转移，便于吸收东部发达地区先进技术和先进经验，并充分利用西部大开发和中部崛起战略的政策支持，促进本省装备制造业的良好发展。安徽省具有丰富的自然资源。从自然资源要素来看，安徽省地处两河流域，具有水路运输条件。且耕地充足，足以支撑制造企业发展所需要的土地使用权。这两大优势已经成为安徽省不可替代的要素，对竞争力的形成具有重要意义。

7.1.5　中部地区

中部地区虽然缺乏沿海城市的优势，但是交通便利，与各省份之间的距离相差不大。该地区是我国重要的装备制造业基地，工业体系完整，在交通运输设备、数控机床生产、冶金矿山设备制造等方面占有相当优势。在《我国国民经济和社会发展十二五规划纲要》中明确指出中部地区要发挥承东启西的区位优势，壮大优势产业，发展现代产业体系，巩固提升现代装备制造及高技术产业基地。

（1）山西省装备制造业。

山西省地处我国的中部，具有丰富的煤炭资源。据统计，山西省的前五大支柱产业分别为煤炭、焦化、冶金、电力、装备制造业。山西省装备制造业起源于1898年建立的太原机器局。自1898年至今，山西省装备制造业经历了快速发展—缓慢发展—下滑—稳步发展几个阶段。目前，山西省装备制造业的发展处于稳步发展阶段。相比北京、上海等地而言，山西省不具有区位优势。从外部环境、技术创新、生产效率、劳动者素质四方面而言，山西省也不具有优势，但是，山西省的装备制造业能从下滑转型成稳步发展，与自身雄厚的工业基础有密切的关系。山西省在近几年的装备制造业发展工作中，主要进行了如下举措：

1）重点培养龙头企业。

山西省是煤炭资源大省，煤炭产业占据经济发展的最重要地位，设备的生产也是以煤炭资源为核心的。山西省煤矿机械重点培育太重煤机、山西煤机、平阳重工、金鼎煤机、阳煤华越、阳煤忻通等重点企业。除煤矿机械企业外，轨道交通装备企业、重型机械企业也占有相当的比重。山西省对这部分企业也给予了充分的重视。

2）促进设备绿色化发展。

煤矿产业在促进经济发展的同时，也给本地区的环境埋下了隐患。煤矿的开采、加工都会给当地的环境造成不良影响，加上国际国内对环境问题的关注，山西省装备制造业向绿色化发展。在设备的生产过程中，装备制造企业响应政府号召，坚持绿色制造，采用环保材料，使用天然气、电等清洁能源。

3）搭建信息交流平台，促进省内装备制造业走出去。

我国"一带一路"倡议为国内的装备制造业搭建了一个良好的交流平台。山西省装备制造企业积极参与制造业大型展会，例如，中国国际工业博览会、山东国际装备制造业博览会等，一方面促进了制造技术之间的交流，另一方面打造出了山西省装备制造业的知名度。

（2）山东省装备制造业。

近年来，青岛重点发展家电电子产业群、港口经济群、汽车产业群、造船产业群和石化产业群等。家电电子企业在青岛的起源较早且知名度高，主要有海尔、海信等一批上市公司。因为靠近港口，所以青岛市的造船业和港口经济也较易发展起来。汽车产业中，青岛市以汽车零部件为主要产品向国内外市场输出。此外，青岛市的石化产业发展也较为领先。青岛市装备制造业的发展主要走三种模式。

1）典型的名牌叠加型集群的海尔模式。

目前，青岛正在打造一个巨大的产业平台，该平台拥有完整的产业链，包含研发、采购、生产、物流等多环节。海尔集团是青岛市的知名家电企业，海尔集团制造规模大、产业链完整、研发能力强。近年来，海尔集团将产业链无限延伸，带动了周边地区的产业发展。

2）非典型名牌叠加集群的即发模式。

山东半岛的针织产业因为工艺出众、产品质量高、综合实力强，吸引了国际知名供应商和客户，如丸红、三菱等。目前，山东半岛针织产业年出口产品达到亿件，形成了具备服装面料供应和制造的完整产业链条的名牌集群。即发集团是山东半岛针织产业中最具实力的企业，在产业链中处于核心位置，对供应商和客户的意义重大。而且其供应商主要为海外企业，自身做大做强的同时也吸引到了外资，因此，即发集团对山东省经济的发展起到了重要的促进意义。即发集团周边的企业也跟随着生产发展，即发的这种集群模式的成功，为发展集群提供了多样的路径选择。

3）典型的大项目拉动小企业的中船重工模式。

山东省的造船业在全国首屈一指，其中以中船重工最为出名。中船重工的崛起需要相关机构和企业的支持，也离不开研究所的专业支持。中船重工建立以后，周围的配套产业也发展了起来，科研院所也积极加入进来。中船重工还建立了分厂，其中六厂四所就是重要的配套设施基地。一部分知名企业也逐渐加入这个产业集群中。

7.2　国外典型经验

美国、德国、日本等国家的经济发展水平处于国际前列，这三个国家的装备制造业处于先进水平。因此，本文在国际经验部分选择美国、德国、日本作为研究对象。

7.2.1　美国典型经验

美国装备制造业经历了从传统到升级换代的过程。从地理位置看，美国传统装备制造业主要分布在美国的中西部，其中底特律和芝加哥等著名的工业城市是美国传统装备制造业的起源地。这些工业城市的传统装备制造业之所以发展较好，除政府支持外，资源丰富、市场广阔、工业基础牢固也是其发展良好的原因。20 世纪 70 年代美国因政策制定失误导致国内装备制造业的竞争力下降，该事件之后美国重新认识到装备制造业的重要性，并将装备制造业视为战略性产业。20 世纪 90 年代末，日本装备制造业的快速崛起给美国施加了压力，美国传统的装备制造业发展受到限制、发展空间有限。因为装备制造业是国民经济的中坚力量，装备制造业发展受限意味着经济发展受到限制。为了更好地发展本国经济，美国传统装备制造业必须转型升级。也就是说，外部环境的变化促使美国传统装备制造业进行转型升级。

美国装备制造业转型升级的路径是从传统的制造业生产向高端装备制造业过渡。现阶段的美国装备制造业主要具备以下特点：

第一，加强国际间企业交流，紧抓国外市场。福特和戴姆勒等是美国的知名制造企业，在中国具有良好的市场基础，并且是美国企业中发展较好的跨国集团。一方面，这些跨国集团具有过硬的实力，带动了美国相关产业的发展，形成了产业集聚，对国内产业结构的优化具有重要的促进作用。另一方面，这些跨国集团在国际市场上占有一席之地，自身拥有各方面的资源，如资金、技术、市场渠道、经营经验，属于行业内的龙头企业，甚至出现了部分行业寡头垄断的情况。例如，美国英特尔公司的产品，因为有着无法替代的技术和专利优势，几乎控制着整个国际市场的计算机硬件市场。

第二，先进的产业发展模式，保障产业竞争优势。美国的制造业在世界上独占鳌头，注重科学技术的培养和研发的投入，将其工业发展的中心放在核心技术的研发上，因此形成了"生产研发—出口—进口"独特的发展模式。首先，美国因为掌握了先进的技术，向一些发展中国家输出资本，在国外销售部分产品，由此获得收益。其次，由于在国外生产的产品成本较低，使得美国可从国外进口此类产品，而将更多的资金、技术和人力投入更新的技术和产品研发上。美国独特的装备制造业发展模式使得人力成本较低的发展中国家成为美国的代工厂，这些发展中国家获取的收益与美国企业获得的收益相比较是微薄的，发展中国家依靠人力优势获得收益，而美国依靠先进的技术获得收益。美国独特的装备制造业发展模式与美国国情相匹配，这种发展模式为美国装备制造业又好又快的发展提供了保证。

美国装备制造业在全球范围内已经建立了比较优势，结合其发展历程，美国装备制造业的发展经验可以归结为以下几点：

（1）政策支持，政府资金投入。

美国装备制造业对经济的发展起到了重要作用，美国政府很重视装备制造业的发展状况，为保证装备制造业又好又快的发展，美国政府 20 世纪 90 年代先后制定了一系列政策，美国的产业政策多为间歇性的，如鼓励大学与企业合作。联邦政府于 2012 年提出"国家制造业创新网络"计划（National Network for Manufacturing Innovation，NNMI），建立了 8 个国家制造科学研究中心、国家制造研究设计中心、26 个工业大学合作研究中心、7 个制造技术中心等。此外，还由国家出资建立新产品快速开发中心及 100 多家先进制造技术服务中心。

美国政府重视装备制造业技术的发展，并且认为技术是促进装备制造业发展的源泉，因此，制定了诸多政策鼓励技术的研发。为保障研发资金的充足，美国政府规定了研发费用占总费用的最低比例。并且，美国政府制定了税收减免规定，尽可能减轻企业的负担。同时在政策法规上，也对于产业竞争力的提升给予了充分保障。

（2）对产业政策进行持续调整。

技术优势始终是美国装备制造业保持竞争力的力量源泉，为保持该优势，美国制定了相关的产业政策，如"先进制造技术计划"和"制造技术中心计划"。随着国内外环境的变化，美国对产业政策适时进行了调整。由于 20 世纪 90 年代末日本、韩国等装备制造业新兴强国的兴起和信息时代的到来，美国重新调整了产业政策。

（3）建立和完善国家创新体系。

为了推进装备制造业的发展，美国建立健全了国家创新体系，该体系包括两层含义：知识创新和技术创新。美国之所以能成为全球装备制造业的领头羊，关键在于对竞争优势的把握。根据波特理论，竞争优势的关键是创新力。美国的研发支出由政府和企业分别负担，装备制造业的科研经费由财政直接划拨。

（4）建立高等学府培养科研能力。

美国向来重视创新能力的培养，建立研究型大学是实现创新能力的主要途径。技术的创新和知识的创新都需要优秀的人才，具有创新能力的人才是美国创新能力的主要来源，所以，美国通过政策支持和经费倾斜的方式，建立了许多高等研究型大学，将知识与科研相结合，鼓励推陈出新。此外，美国研究型大学的数量在全世界范围内遥遥领先，而且全球顶尖高校分布在美国的较多。美国大学主要从事教学和基础科研工作。

（5）采取混合型战略。

美国装备制造业的发展战略经历了从一开始的纵向一体化战略过渡到横向一体化的阶段。从供应链的角度来看，采取纵向一体化战略有利于节省成本，使企业能够控制原材料的采购成本、采购渠道和质量。如果一个企业的原材料供应商能获得较大利润时，企业通过后向一体化战略可使成本转化为利润。前向一体化战略有利于企业的销售渠道和客户的管理，减少商品的积压，降低减值的风险。但是纵向一体化并不是完美的，其本身也存在问题，如增加内部摩擦和耗费时间较长等。使用纵向一体化也有诸多风险，企业规模会变大，要想脱离本身的行业存在困难，也不利于企业新技术和新产品的开发。

因为纵向一体化存在一定程度的风险，于是美国装备制造业采取了"横向一体化"和"纵向一体化"相结合的战略。通过与竞争对手合作，美国企业将有限的资源集中于重点业务，尝试与其他企业之间重新合作分工，形成自身的特色产品。政府提高资产设备折旧率，提高资金利用率是美国装备制造业的发展的另一有效策略。美国政府规定，固定资产的折旧不再使用年限平均法，应选择加速折旧法，如年限总和法、双倍余额递减法。

7.2.2　德国典型经验

德国在欧洲经济中的地位首屈一指，德国的装备制造业也在欧洲遥遥领先。第二次世界大战之前，德国的装备制造业发展不均衡，水平也不高。经历过二战后，德国的装备制造业如雨后春笋般涌起。在装备制造业的细分类中，德国主要发展机械设备制造业。机械设备制造业为德国提供了就业岗位，缓解了就业压力，为德国公民创造了劳动机会，是德国就业人数最多的行业。在德国，机械设备制造业创造的销售额位居各工业部门第二。20 世纪 70 年代德国制造业的高速发展带动了机械设备制造的快速发展。20 世纪 70 年代后，德国装备制造业进入稳定阶段。德国拥有举世闻名的先进化设备和生产线、高水平的产业体系。结合德国装备制造业的发展历程，其装备制造业的发展经验可以总结为以下几点。

（1）政府发起行业改革，制定相关政策。

德国装备制造业的发展停滞是在 19 世纪 80 年代出现的。德国属于发达国家，人口较少，劳动力资源不丰富，劳动成本高。因为种种原因，德国装备制造业在国际上的地位有所下降，竞争力逐渐减弱。装备制造业曾一度陷入困境。经济全球化程度的加重，对德国装备制造业的发展更是一个冲击。

无论处于哪个历史时期，德国政府向来重视制造业的发展，对装备制造业投入了较多的资金。面对竞争力减弱的困境，德国政府采取了积极的措施，一般情况下，当公司经营不善或经济形势不好时，企业都会选择裁员以减轻运营成本。但是，德国政府规定不得裁员。如果不裁员，企业的生存就是一个较大的问题，政府在这个阶段就会制定各种政策以鼓励大、中、小企业的发展。各行业都能享受到政府的扶持，除税收减免、资金投入外，德国政府还会为企业与科研院所之间搭建信息交流的平台。在此基础上，联邦政府于 1995 年出台了《制造技术 2000 年框架方案》，确定了关系到 21 世纪德国制造业发展的六大研究重点，并对没有足够自有资金进行自主研究开发的中小企业给予经济上的资助。目前，为了 21 世纪继续保持装备制造业强国的地位，德国政府又正在实施新的改革措施。这些措施强调继续调整产业结构与重组企业集团，加大科技发展支持，继续加强对中小企业研究、开发与创新活动的政策倾斜支持高新技术企业的创建。

（2）强调科技兴国。

德国装备制造业发展强势，始终处于世界领先水平，这与其稳定的装备制造业市场制度与法律框架、严谨的工业标准和质量认证体系、多元化的科研创新体系、以"双元制"为核心的特色职业教育体系，以及"理性严谨"的装备制造文化是分不开的。德国在 2016 年和 2010 年发布了两次高科技战略，强调用科技发展装备制造业，重点关注气候/能源、保健/营养、机动性、安全性和通信 5 个领域，确定了 10 个"未来项目"。为了保持国际地位，避免在信息化时代被其他国家赶超，德国 2013 年推出"工业 4.0"，发起以智能化为主题的第四次工业革命，主要做法有：一是政府、协会、企业协同推进，二是方向聚焦重点明确，三是将标准化作为重要抓手。

（3）政府适度扶持。

德国装备制造业目前在国际上发展得如此之好，主要原因在于市场的良性竞争。市场环境良好的背后是政府的管控。政府对装备制造业的作用是间接的，政府不直接参与企业与科研院所的内部管理，重视起到中介的作用，为两者之间的沟通创造机会。政府的扶持不只体现在对大型企业的帮扶，政府对中小企业也提供了一定程度上的帮助。装备制造业离不开发达的中场产业所提供的零部件、元器件等，中小企业正是中场产业的主要载体。七个细分行业齐头并进，每个行业的发展都不忽视，实现德国装备制造业的均衡发展、系统发展。

（4）发挥人才优势。

德国进行资产阶级革命的时间较晚，之前装备制造业的发展也严重落后于英国、法国、美国等。"二战"对德国装备制造业产生了巨大的冲击，战火烧毁了大量的工厂设备，德国装备制造业受到重创，如何恢复到战争之前的经营状况成了一个难题。此时，政府号召优秀人才投入到战后重建中，大批优秀的装备制造工程师、技术研究人员和熟练技工重新回到慕尼黑、斯图加特和鲁尔等德国传统工业基地，凭借他们数十年的努力，西德地区的工业得到了恢复，德国装备制造业也在 20 世纪 60 年代再次崛起。德国装备制造业重新发展之后，德国实行"学徒制"，学徒们质量意识强烈，追求精益求精，而且学徒的工资福利优厚，能够使一线工程师、工人全身心投入到生产中，不用担心基层岗位人员短缺的问题。因为拥有大量的优秀人才，德国制造一直走在世界前列，近年来智能化设备的出现让德国始终保持竞争优势。

（5）采取科学合理的产业竞争战略。

德国装备制造业在高水平生产的基础上，进行合理的产业布局，将一部分生产活动外包出去，促进产业区内的相互协作与产业配套。德国产业竞争战略从两方面展开。一方面，德国装备制造业产业内上下游企业关联度高，合作多，产业集聚效应显著，一个行业的发展往往带动整条产业链的优化。产业合理布局，不仅为装备制造业提供了广阔的市场，更促进了供应商、客户的生产销售。一个企业如果处于国际领先地位，那么其供应商和客户也在自身行业中处于龙头位置。另一方面，德国装备制造业大力实行产业外包这一经营战略，大企业在坚持高水平专业化生产的基础上，最大限度地利用市场机制，通过将部分非核心的生产环节和服务外包给小企业，既能分散市场风险，集中资源进行技术研发和更新，带动整个产业链发展。

7.2.3　日本典型经验

与德国相比，日本装备制造业的生产流程形成了比较优势。长期以来，日本的生产技术依赖于国外进口，国内的技术资源储备不足。日本对装备制造业的扶持力度比其他几个国家更大。日本装备制造业的发展主要由政府扶持，以政府为主导，带动全国装备制造业各个行业的发展。日本装备制造业竞争优势的建立可以总结为以下几方面。

（1）建立相关法律和政策。

一方面，装备制造业对一国经济的发展具有重要意义；另一方面，国内需要装备制造业的系列产品。日本政府意识到装备制造业对国内产业和经济的重要性，制定了诸多政策。政策支持是日本装备制造业发展的主要力量。良好的法律环境、积极的政策支持使日本装备制造业生机勃勃。表 7–2 为日本振兴装备制造业制定的分行业政策。

表 7–2　日本为振兴装备制造业制定的分行业政策

制定年份	政策名称	政策内容
1955	《石油化学工业扶持政策》	振兴对象为石油化工行业，是装备制造业政策支持的开端
1956	《机械工业临时措施法》	以基础机械、通用零部件和出口机械等三十多种机械产品为振兴对象，由日本开发银行和中小企业金融公库根据合理化计划进行特别贷款
1957	《电子工业临时措施法》	
1970	《关于信息处理振兴事业协会的法律》	在通产省设立"信息处理振兴课"，成立信息处理振兴事业协会、电子机械工业协会、计算机应用协会、信息服务产业协会等信息产业团体，重点发展计算机硬件
1971	《振兴特定电子工业及特定机械工业临时措施法》	重点扶持汽车和计算机产业
1978	《特定机械情报产业振兴法》	进一步把日本制造业和情报产业密切结合起来
1999	《制造基础技术振兴基本法》	该法案为了留住有丰富经验的技术工人，采取提高福利待遇、完善税收政策等措施，同时加强企业、大学和科研院所的合作
2000	《2000~2010 年国家产业技术战略》	重点扶持计算机和汽车产业，极大地促进了日本制造业的现代化。日本政府认为，即使未来进入信息社会，制造业是基础战略产业的地位不变，持续加强和促进制造业基础技术的发展意义重大
2000	《产业技术竞争力强化法》	

（2）引进国外先进技术，培养本国科技能力。

日本政府积极为本国企业搭建信息平台，定期发布国外信息，吸收各国技术所长，重视培养创新能力，形成自己的竞争优势。科技强国是日本装备制造业发展的主要方式之一。在技术研发方面，日本有三个指标名列世界第一：一是研发经费占 GDP 的比例列世界第一；二是由企业主导的研发经费占总研发经费的比例列世界第一；三是日本核心科技专利占世界第一，达到80%以上。

为扩大生产规模，提供生产率，更新生产技术，日本主要采取了以下几方面措施：第一，吸收国外先进经验，进行技术整合，形成世界上最先进的技术。如日本的钢铁技术在国际上首屈一指，其就是在整合美国、瑞士等4国钢铁技术的基础上完成的。第二，加大资金的投入力度，划拨资金，转款专用，专人负责。日本投资了许多大型的研究中心，为企业提供技术支持。第三，完善线上技术交流渠道，搭建信息化平台，实现跨地区、跨行业的交流。

（3）积极财税与金融政策。

日本政府对装备制造业的支持不仅体现在技术方面，而且体现在财税方面。日本历年来制定的财税政策如表7-3所示。

表7-3 日本为鼓励技术研发制定的财税政策

制定年份	政策名称	政策内容
1951	《新技术企业化贷款》	鼓励企业进行新技术的研发而专门制定的贷款政策
1956	《技术出口特别扣除制度》	企业向国外提供工业产权、技术窍门、著作权和咨询服务等获得的收入，可按一定比率计入亏损额（分别按照28%、8%、16%分别计入亏损额，但以收入的40%为上限）
1957	《租税特别措施法》	对装备制造企业实行固定资产加速折旧政策，从各种政策需要出发而特别制定的课税法律。它一方面要求必须贯彻税收的公平原则，另一方面还要求税收要遵循产业政策及社会政策路线，以适当配合国家的政策
1958	《新技术企业化用机械设备特别折旧制度》	允许企业以高于通常的折旧率进行折旧，并根据设备投资额给予延期缴纳法人税的特权，旨在为实验及设备的改造进行补贴
1961	《重型机械开发贷款》	贷款对象为重型机械的开发，鼓励重型机械生产加工企业推陈出新，重视新技术、新工艺
1966	《扣除试验研究费的税额制度》	在该制度的适用年度内，如果企业进行试验所需费用超过以前每年试验研究费用的最高额，超过部分按一定比率扣除税额（20%）
1970	《国产技术企业化等贷款制度》	一项为中小企业设立的低息贷款制度，提供贷款的对象为企业的新技术开发、机械的生产。该项贷款不只为研究阶段提供资金支持，更注重研究成果的形成，并且鼓励企业进行自身的研发活动。该项资金的投资领域主要是设备、化工等

日本装备制造业财税与金融政策的背后是以银行和金融机构的长期稳定为支撑的。"二战"后，企业发展的资金来源于银行借款。企业的贷款主要由两种不同的金融体系提供，短期贷款是由商业银行提供的，这些商业银行包含城市银行和地方银行。中长期贷款由信用银行体系提供，如债券银行等。

日本政府根据企业的实际情况，制定指标评价体系，如企业素质、生产能力、生产水平、利润水平等，严格落实优惠贷款的条件。对于符合条件的企业，及时发放贷款。并且要求政府在提供贷款的过程中不能有所偏向，必须公平公正。据统计，在日本重化工业高速发展时期，60%~70%的企业设备投资所需资金都来自于以都市银行和长期信用银行为首的大银行。

日本政策性的贷款由日本开发银行和中小企业金融公库提供。日本新出台贷款有"重型机械开发"贷款、"新机械企业化"贷款、"新技术企业化"贷款，这三项制度共同形成了"国产技术振兴资金贷款制度"，该项制度旨在为新机械的商品化以及新技术的企业化试验提供低息贷款。日本政府为了引导企业进行重点领域的研发活动，采取了为企业提供委托研发拨款和直接的研发补贴。

7.3　经验总结与启示

7.3.1　经验总结

通过对国内典型地区和国外典型经验的梳理和总结，我们发现各地区的装备制造业发展独具特色，也几乎都是当地经济发展的重要支柱。在对相关地区典型装备制造业发展经验梳理的基础上，我们认为以下几点经验是非常值得借鉴的：

（1）利用各方面优势，如区位优势、产业优势、资源优势等大力发展装备制造业。东北地区依靠先前的工业实力，与其他四个地区相比，装备制造业实力深厚、经验充足、基础牢固。西部地区在资源、地理位置等方面都不具有优势，装备制造业虽然所处水平较低，但也在平稳的发展，且势头良好。西部地区装备制造业扬长避短，利用该地区优势，避免劣势，形成产业集聚，注重技术创新。

（2）营商环境刺激当地市场商机，产业集聚效应明显，重点发展部分板块。京津冀地区在全国地理范围中具有相对区位优势，加上北京是全国的政治中心，北京的人才储备较其他地区具有先发优势，但是北京装备制造业受到环保的约束，发展较西部地区良好，但不及长三角地区。在这种背景下，京津冀地区的装备制造业有效结合当地的特点，采用营商环境刺激当地市场商机，充分发挥装备制造业的产业集聚效应，对装备制造业的几个板块进行重点发展。

（3）项目带动或品牌效应。长三角地区占据了优质的地理位置，是全国的经济中心，该地区的装备制造业发展起来的条件很充足。该地区通过大项目带动、产业集聚、科技带动生产等方式，发展了装备制造业。中部地区的部分省份具有其他地区没有的资源，所以其装备制造业的发展具有侧重性，在这个基础上，该地区利用品牌效应，发展了一批知名的装备制造业企业。

（4）充分发挥国家政策引领作用。美国、德国、日本三个国家的装备制造业发展较为领先，其发展经验更值得我们借鉴。在美国，装备制造业的发展强调科技创新，因此，政府制定了相当多的政策鼓励技术的探索和研发能力的提高。德国以质量闻名，政府也制定了一些政策，但是德国的政策与美国的政策着力点有所不同。日本的装备制造业起点较两个国家偏低，其发展历程中，政府对装备制造业的振兴起到了非常重要的作用。与其他两个国家相比，日本政府增加了财税政策，为企业提供了资金保障。因此，美国、德国、日本共同的特征都是有国家相关政策的支持，但政策侧重点略有不同。为此，我们将三个国家的政策做一简要对比（见表7-4）。

表 7-4　美国、德国、日本对装备制造业的政策及措施对比

国家	政策着力点	主要措施
美国	创新研发机制，推动技术集成	制造业回归战略与国家制造业创新网络计划相配合，政府放宽土地、财税、金融等限制举措，优化制造业发展环境，强化人员培训，统筹整合并优化配置创新资源，注重技术集成创新
德国	引领生产模式的变革	依托既有制造业与信息通信技术优势，通过强化标准化统一政府、行业协会和企业共识，大力发展信息物理系统等措施促进两者有机结合；通过变革生产技术、工艺和组织模式，力图将制造业推向一个新高度、新层次
日本	发掘制造业整体创新潜力	以"国家战略特别区"为突破，以税收、金融等政策改革为支撑，辅以能源、电力、贸易、雇用、税制等领域体制改革，全方位立体化发掘制造业创新活力

7.3.2　启示

对陕西省而言，省内高校较多，在人才上具有先发优势，加之近年来政府对西北地区的支持力度较大，陕西省的地理位置与沿海城市相比不利于进出口，但是陕西属于西北地区发展较快的省份，在西北地区几个省份中具有优势。知名企业较少导致很难产生显著的品牌效应。要想发展好装备制造业，陕西省应从以下方面入手：

第一，培养企业主动意识，调动产业发展能动性。总结以上地区的发展经验，都有一个共性：创新。随着人工智能的普及以及信息时代的到来，装备制造企业面临着转型升级的局面。如果维持原状而不求改变，企业将会被行业淘汰。传统装备制造业的竞争力被大大减弱，目前装备制造业的发展方向是高端化、智能化、服务化。所以，陕西省的装备制造企业应树立主动转型的意识，利用好每一个机遇，以自身实力应对外界环境的不断变化。

第二，充分发挥人力资源优势，提高创新能力。陕西省内高校云集，

与其他省份相比，陕西省内的高校从治学水平、研发能力、招生规模上都有优势，如陕西省内的西安交通大学、西北工业大学等高等院校。因此，人才资源是陕西省内发展装备制造业的先发优势。另外，近年来陕西省落实了人才政策，这些政策的落实能够吸引到更具实力的优秀毕业生。人才储备已经充足，下一步便是利用广泛的人才资源发展装备制造业。装备制造业的发展核心在于"创新"，只有拥有了先进的生产设备、技术，陕西省的装备制造业才能走在全国前列。所以，陕西省应充分利用人才资源，推动科研和技术的发展。

第三，政府提供财政支持，鼓励企业创新。当企业树立了主动创新的意识之后，资金短缺也是装备制造企业转型升级的一大阻碍。对于资金充足的大型企业而言，企业有进行研发活动的实力。但是，对于中小企业来说，当其资金受到限制时，企业即使想转型升级也无能为力。中小企业因为资金紧张无法进行研发，反过来，无研发活动造成设备、技术依赖外部。这种情况下，中小企业大概率会选择不更新换代，不更新换代的结果是经济业务少、竞争力下降、生存困难。可见，研发活动对企业的重要性。此外，研发活动多、研发投入大并不意味着企业能开发出新的产品和技术，该活动存在无法预测的结果，如果一旦开发失败，企业为研发活动投入的该部分资金就毫无意义。研发活动是一项长期工作，即使最终开发出了新的成果，但是在这个较长的时间内，企业投入了财力、人力，这对企业来说也是一个负担。因此，政府应出台相关财政政策以补贴企业在研发活动中的支出，并对研发投入较多的企业提供税收优惠。在财税政策方面，国外地区，日本制定的相关政策法律较多。国内地区，内蒙古为发展装备制造业制定了详细的财税政策。虽然两个地区都制定了相关政策，但是日本制定的财税时间较早，从1951年开始陆续落实，内蒙古的财税政策大多是从2013年开始实施的。而且日本财税政策对银行体系和金融机构的依赖较大，内蒙古的政策是由政府制定、执行的。相比内蒙古的财税政策，日本的财税政策更为翔实、细致。陕西省可以参考日本和内蒙古制定的财税政策，因地制宜，制定出符合本省情况的政策，完善本省的政策，使全省装备制造业实现新发展。

7.4　本章小结

本章总结了国内典型地区及国外装备制造业的发展历程，国内部分从装备制造业的地理分布展开，主要分析了五个地区装备制造业的现状，并总结了该地区发展装备制造业的经验。虽然各个地区情况不完全相同，但是其装备制造业的发展经验可以总结为：注重科研能力和创新、提高技术水平、进行产业聚集、充分利用人才优势。

第 8 章

陕西省装备制造业创新性发展
路径设计

在工业化和现代化的进程中，陕西省装备制造业对陕西省经济发展的作用愈发凸显，但是陕西省装备制造业的可持续成长性并不是很理想，各细分行业间还存在很大差距。随着人口增长、竞争加剧、资源的有限性，政府管控能力的局限，作为陕西省经济重要支柱的陕西省装备制造业面临越来越严峻的发展形势，于是，纷纷走上科技创新、结构转型的道路。在这样的背景下，如何保持陕西省装备制造业的持续成长，实现良性发展，进一步促进陕西省经济发展，需要明确目标、创新特色发展模式，并采取有针对性的保障措施。

8.1 陕西省装备制造业创新性发展的目标

本书对陕西省装备制造业可持续成长性进行评价，并对其可持续性发展影响因素进行检验，其目的是找出陕西省装备制造业可持续发展的不利因素，克服弊端，提升自我，提高陕西省装备制造业竞争力和创新水平，促使陕西省装备制造业实现真正意义上的可持续成长和深入发展。在《中国制造2025》的带动和指引下，许多地区都加大了对本地装备制造业的投入和支持力度。比如山东省通过对重点装备制造业龙头企业、骨干企业贷款贴息、关键技术保险补偿等方式，达到了推动装备制造业快速发展的目的。陕西省各地市也纷纷依照《中国制造 2025》的指引，提出一系列措施，如"千人亲商助企"和"百团千人进万企"招商活动，以及"用市场换产业、用项目换投资"的方式推动陕西与中铁、中能等中央企业、国有企业的战略合作，等等。为此，我们也应在现有基础上，瞄准陕西省装备制造业可持续发展的工作目标，促进陕西省装备制造业在保持可持续成长的前提下，实现创新性发展。因此，陕西省装备制造业应该朝着全球化、高技术化、成套化、产业集聚化和服务化方向迈进。全球化指的是装备制造业的发展呈现全球化趋势，同时该产业产品和成套设备的研发及所需要素也表现出全球化趋势。高技术化将成为陕西省装备制造业竞争力的关键。成套化指的是装备制造业用户在对集成性装备产品的需求增加情况下，促使装备制造业朝着成套化方向提供产品。产业集群化和服务化将是促进陕西省装备制造业竞争力提升，紧跟未来发展趋势的重要举措。在这样的方向指引下，陕西省装备制造业的可持续发展的首要和根本是提升自我。从自身发展角度来说，在现有发展基础上，充分利用国家及本地区相关政策机遇，努力提升自身发展质量，提高市场竞争力。在提升自我发展质量的同时，保持陕西省装备制造业在本省工业体系地位的基础上，进一步扩大陕西省装备制造业在陕西省工业体系的份额以强化其重要支柱作用。最后，努力实现陕西省装备制造业在全国装备制造业体系中有所提升。

8.2　陕西省装备制造业创新性发展的总体思路

市场环境的不同、地理位置的特殊性、政策倾斜的差异、工业基础的不同等诸多因素，使得陕西省装备制造业有着不同于其他地区装备制造业的显著特点。也正是陕西省装备制造业区别于其他装备制造业的差异性，我们在大力发展陕西省装备制造业的过程中一定要因地制宜，结合陕西省经济发展特点和优势，规避劣势，创新陕西省装备制造业可持续发展的特色模式。

虽然陕西省装备制造业在陕西省整个工业体系中具有一定规模，但相对于典型地区来说，整体规模仍旧偏小，且没有形成实力强大的产业集群。在此背景下，要实现陕西省装备制造业的可持续成长，必须采取多方措施，并注意措施间的配合运用。首先，要注意陕西省装备制造业创新性发展环境和基础条件的创造，要求政府、科研机构、社会各部门、其他产业的多方支持。其次，陕西省装备制造业需要提高自身发展质量，不但要提高产品质量，还要促进产业高端化，创造产业集聚优势。再次，对于陕西省装备制造业来说，要紧抓创新和人才两大重要基础，使其真正形成陕西省装备制造业创新性发展的持续动力和资源。从产业整体来说，必须培植陕西省本地龙头企业，以龙头企业带动的方式，壮大产业规模，形成产业集聚，将产业集聚优势发挥至最大。同时要注意陕西省装备制造业各细分行业间的相互配合、相互协作，形成"大中小企业均匀分布、行业间相互配合、战略新兴产业重点发展"的良性产业格局。同时，还要紧密结合国家相关政策，推进陕西省装备制造业与服务业协同发展，走产业融合之路。最后，在对外发展方面，陕西省装备制造业需要结合自身特点、政策机遇、国际市场特点，采取分步骤、分阶段的走出去策略。当然，推动陕西省装备制造业可持续成长和创新性发展并非一朝一夕，也不是一蹴而就的，需要有计划、有步骤的采取多方面措施，同时各项措施也不是孤立的，需要与其他措施相结合才能发挥最大效用。

8.3 陕西省装备制造业创新性发展的保障措施

8.3.1 强化相关政策法规的基本保障

产业发展离不开相关政策法规的保障和支持。虽然目前对于陕西省装备制造业的发展来说，陕西省具有良好的相关政策支持和基本保障措施，但是在陕西省装备制造业进一步发展过程中，需要相关方面的进一步倾斜和保障。

第一，加大环境保护相关法律法规的宣传和执行力度。装备制造业在发展过程中难免会出现高投入、高消耗、高排放的情况，无疑会对环境造成负担，一方面会对环境产生不利影响，另一方面会成为陕西省装备制造业进一步发展的阻碍。因此，应该本着"预防为主"的理念，以严格的法律法规形式来督促装备制造业及其他工业企业时刻保持少污染或不污染环境的意识。这将是看似无关，但却是最紧要也最重要的问题之一。

第二，加大政府的政策支持力度。陕西省装备制造业在进一步发展过程中，所需资金和相关资源可能难免不足。政府虽难以提供直接投入，但可以在政策上给予更多的支持和更大的优惠力度。比如政府在关键经济转型节点出台的各种文件中，可以加大对装备制造业的宣传和明确指导。此外，政府应积极完善"中央+地方"的资金支持体系，加快建立省级重大技术装备专项资金为主，国家产业发展自己、税收补贴、奖励等多元化的陕西省装备制造业的资金支持体系。这样既能将各方资金有效融合，又能为陕西省装备制造业发展提供一定程度上的资金保障。在税收方面，加大对陕西省装备制造业，尤其是重点行业的税收优惠和补贴力度。对于重点发展行业的重大技术装备产品，在满足相关进出口税收优惠政策的条件下，给予研发生产这些装备需要进口的部分核心零部件和原材料的企业，提供最大的政策和资金支持。

第三，加强政府职能作用。一方面，政府应充分发挥相关职能作用，加大相关硬件的投入力度，加快工业园区建设，为产业集群形成提供保障条件。另一方面，政府可以适当引导相关社会资本和高层次人才进入陕西省装备制造业，为装备制造业发展疏通产、学、研、用链条，为其发展提供软件支持。

第四，促进地方性金融创新性发展。对陕西省内外的地方性金融资源加以整合，并为省属国有装备制造业企业创立财务公司和金融集团公司创设条件。积极推动陕西省装备制造业中有实力的企业到主板、中小板上市融资。同时，在大力推动陕西省装备制造业企业与金融机构合作的同时，开发多层次的创新型金融产品，以支持陕西省装备制造业的创新性发展。

8.3.2 提高自身质量

装备制造业是实体经济的重要组成部分，其对于当前陕西经济发展的作用不言而喻。在当前，国家建设"一带一路"的政策，各地区推行高质量发展的机遇下，陕西省装备制造业面临千载难逢的良机。我省装备制造业产业基础较好，具备高质量发展的各种科技、人才储备等优势。为此，陕西省装备制造业需要首先提升自我，提高自身发展质量。具体可以从以下几方面着手：

（1）推荐先进技术在陕西省装备制造业的应用，促使装备制造业"高端化"。

积极引入和利用当前先进技术，促进人工智能、智能制造、大数据、"互联网+"等在装备制造业的综合应用，推动陕西省装备制造业向着"高端化、智能化"发展。工业互联网技术和智能制造在陕西省装备制造业的应用，可以实现对生产制造过程的实时控制、精确管理和科学决策，装备制造业企业各生产环节全面联网，实现物与物、人与物的实时信息交互，各环节无缝链接。使陕西省装备制造业提高生产效率，实现生产数字化、智能化和现代化。陕西省装备制造业可利用"互联网+工业"模式对本地同行业、国内外相关企业和技术及时跟进，快速反应，既能一定程度上降低经营风险，又能及时掌握相关信息，更新技术，提升自我。与此同时，在全省范围内推行绿色制造理念，引领陕西省装备制造业向着绿色、环保发展，为产业高端化、产品高端化奠定基础。从真正意义上提升陕西省装备制造业的标准和口碑。

（2）提升产品质量。

提升装备制造业自身发展质量一个非常关键的问题就是产品质量的提升。需要从这几个方面着手，第一，提高企业的相关意识。只有意识提高了，才能从根本上规范企业的一系列生产行为。需要提高的意识包括：标准化意识，企业应采用合理适用的国际标准，强化标准化意识，将国际标准与自身实际相结合，制定出适合自身的标准管理办法，以此来控制产品质量；自主品牌意识，企业要注重自主品牌商品的建立和培养，加强对产品的检测，逐步提高产品质量和档次；技术创新意识，企业应投入研究开发费用，生产符合外国技术标准特别是苛刻要求的先进产品；环保意识，西方国家比较重视产品的绿色环保，因此，为长远打算，企业应努力提高自身产品的绿色程度。第二，严格把关产品生产流程和加强生产人员培训。即使再微小的产品，在其成品之前都要经历很多道工序，经过不同生产人员的加工或把关。每一道工序或生产人员的一个小小失误都可能造成瑕疵品的出现。因此，生产每一环节的严格把关，以及对生产人员详细的岗前培训都能对提高产品质量起到意想不到的效果。第三，在产品生产选材和用料上要严格把关，杜绝以次充好现象。质量上乘的产品从选料开始就与其他产品存在明显区别。材料是构成一个产品的根本，更是形成高质量产品的源头。第四，完善和提高产品的售后服务。高品质产品的一个很重要特色就是拥有完善的售后服务体系，完善的售后服务是提升自身产品质量形象的一个很重要途径。第五，努力打造自主品牌和知名品牌。在优质选材、严格把关和优质服务的基础上，努力将自己产品打造成知名品牌，使其成为自身产品质量高的一张强有力名片。不仅能够提高产品的知名度和美誉度，还能提高产品的利润空间。

（3）强化产业聚集，打造国内乃至世界级的产业集群。

陕西省地理位置优越，尤其是在"一带一路"倡议提出后，其所面临的各项政策优势越发凸显。因此，可以积极建设具有国际竞争力的先进装备制造业基地、重大技术装备战略基地以及重要技术创新与研发基地。比如加快构建西安、咸阳、宝鸡、渭南为中心的装备制造业产业基地，发挥西安国家民用航天产业基地、阎良国家航空高技术产业基地对陕西省装备制造业及其他相关产业的带动作用。通过这种方式，一方面能够加强本地产业集聚，使产业优势和政策优势达到最佳融合，另一方面有利于打造陕西省装备制造业品牌，在全国乃至世界范围内，形成良好形象，便于吸引更多外资和先进技术，也能为本地装备制造业走出去提供良好的基础。

（4）提升陕西省装备制造业产业链中间环节的服务质量。

随着全球价值链的发展，装备制造业企业的分工呈现越来越细致的趋势。产业链中间环节对于装备制造业竞争力的提升具有非常重要的作用。为此，我们一方面要加大对相关硬件基础设施的投入，提高服务效率。要借助先进技术，整合通关模式。另一方面积极学习和引进国内先进地区，以及国外可供借鉴的宝贵经验，强化产业链中间环节的服务和支持力度，使其能更好地为装备制造业企业服务。

8.3.3　提高自主创新能力

自主创新能力的提升是陕西省装备制造业提高其市场竞争力，实现持续性成长和深入发展的关键和基础，为提高自主创新能力，陕西省装备制造业可以从以下几个方面着手：

（1）积极营造全省的自主创新环境。

创新环境优劣对于陕西省装备制造业自主创新有着很大影响。无论是政治、经济、社会、文化等宏观环境，还是企业层面的微观环境，都会对企业自主创新产生一定程度的影响，第一，制定创新政策。企业进行自主创新是一个投入高、见效慢，且不确定性非常大的活动。为此，政府可以积极营造全省的自主创新环境，尽可能降低不确定性，为企业服务，主要包括政府资金扶持和税收优惠。装备制造业中诸如重大技术装备、环保设备、船舶配套、基础零部件等领域的成本和风险都非常大，需要政府对这些领域的技术创新和改造给予最大的资金支持和税收优惠。在装备制造业相关产品的早期研发阶段，政府的购买起着非常重要的引领和推动作用，政府投入大量资金或税收优惠去拉动需求，能够形成一个保证创新产品顺利研制成功的市场。这就能为企业营造良好的创新环境，降低企业的风险。第二，拓宽装备制造业自主创新企业融资渠道。鉴于研发的特殊性，银行等普通金融机构通常不愿意贷款给自主创新的企业。政府可以搭建装备制造业企业与银行的桥梁，促其建立长期合作机制。此外，政府还可以引导设立各种自主创新装备制造业产业的专项资金或发展基金，并将信贷优惠政策作为基金的一项重要功能。通过这种方式对装备制造业企业提供无息或者低息的优惠贷款，助力企业顺利开展研发活动。第三，加强知识产权保护。加强知识产权保护也是提高企业自主创新能力的一个重要方面。申请专利应与新设计、新发明的开发成功紧密衔接，这样才能对技术成果和企业利益进行有效保护，可以通过相关法律体系的进一步完善，并增加对知识产权工作的资金支持，推动本省专利事业进一步发展来实现。

（2）恰当运用自主创新模式。

原始创新、集成创新和引进消化吸收再创新都是自主创新的主要模式。尽管陕西省装备制造业一直致力于创新，并具有一定的技术实力，但自主创新能力还不够强，自主创新程度还没能达到一定程度。陕西省装备制造业许多领域的技术含量还不能达到国际标准，离发达国家水平还有一定差距，所以首先要引入国外先进的技术，然后进行消化吸收之后，为我所用，而不能仅仅采用原创。同时，还要注意消化吸收基础上的再次创新，充分利用和掌握核心技术。唯有如此，才能减少创新时间，在尽可能短的时间内产生效果，拉近与全球先进水平的距离。

另外一种自主创新方式——集成创新，也是非常有效的方式。在当前科技形势下，单纯通过一种技术突破的形式，已经远远不够，需要利用相关技术之间的联系，使其发挥最大效用。陕西省装备制造业产业基础良好，且相关产业也呈蓬勃发展之势。这样的背景下，陕西省装备制造业尤其要注意引进技术或自主创新技术与其他相关技术的关联，不但要进行产学研合作，而且应加强企业间的合作，并且要尽可能利用高校、科研院所和同行中善于创新的企业的技术力量。建立起以实践性企业为主，包含企业、高校与科研院所在内的利益共享的自主创新合作体系。除此之外，具有相当规模和经济实力的装备制造业企业还应该建立自己的技术中心，随时收集相关技术的市场信息，持续进行相关技术和产品的跟进和研发。

（3）加大研发投入。

装备制造业为典型的技术密集型企业，而装备制造业竞争力的提升很大程度上依赖于研发能力的提升。研发活动离不开研发投入的支持，而且往往需要很大的耗费。通常认为，企业的研发费用达到其销售额 5% 以上时，才具有竞争力。而通过前期调研发现，陕西省装备制造业部分企业的研发支出还处于偏低水平，自主研发投入缺乏明确的投资战略，科研投入没能形成稳定的增长机制，且存在投入产出转化效率低的问题。因此，首先，大部分装备制造业企业还需进一步加大研发投入，进行相关创新活动，并提高创新投入的产出效率，降低资源浪费。在企业可用资金有限的情况下，还可以通过与相关企业合作的方式，以及响应政府研发政策情况下获取政府支持的方式，争取外部研发资金的支持。对于重点大型装备制造业，政府应该给予持续性的资金支持。其次，为降低自主创新风险，装备制造业企业还可以选择与其他企业建立技术创新联盟，实现共担风险，共享成果。最后，引导装备制造业企业优化投入结构，突出基础研发和研发基础条件的建设，对于前沿技术研发和非公有制经济主体的研发加大支持力度。

（4）加强与研发机构的合作。

尽管陕西省装备制造业理应在其自主创新活动中起到主角作用，但是其难以完成所有创新活动，唯有在强化陕西省装备制造业自主创新能力的同时，突破传统生产过程中生产制造过程与研发设计环节相脱离的制度障碍，加强其与高校、科研院所等相关研发机构的合作。陕西省著名高校、科研院所众多，如西安交通大学、西北工业大学、西北大学和长安大学等知名高校，以及第一飞机设计研究院、西安机电信息技术研究所、西安精密机械研究所等。这些知名高校和科研院所具有大批致力于基础理论和应用研究的专业人才，拥有巨大的智力宝库。积极在陕西省装备制造业与高校、科研院所间搭建一个有效的产学研合作平台和各行业博士后工作站。装备制造业不但能吸收相关先进科研成果，还能与研究机构形成长期友好合作伙伴关系，构建完善的技术创新体系，将自主创新成果产业化，转化为企业效益。对于陕西省装备制造业企业来说，这将同时兼具节约企业技术费用和提升其自主创新能力的双重效果。

（5）增加自主创新效益。

盲目的自主创新是无意的，自主创新需要结合市场需求。陕西省装备制造业企业在进行自主创新过程中需要重视市场细分以及市场调研，确保所要开展的创新活动是面向市场的，根据客户的需求来进行新产品的开发，将社会和市场需求与装备制造企业结合起来，以最新的科学技术来推动创新，通过企业创新所产生的效益再次拉动新一轮的创新，由此形成良性循环。当然，也可以通过主动引导并开发市场需求，激发新的消费需求及潜在市场的方式，来提高市场占有率，进而推动企业创新活动，增加企业创新效益。

总之，陕西省装备制造业依托现有资源优势，提高自主创新能力，增强产业竞争力，实现从"原始制造"向"自主创新"转变，是陕西省装备制造业实现可持续成长的关键之举。

8.3.4 实施人才兴业战略

创新需要人才，发展需要人才。如果说陕西省装备制造业实现可持续发展的第一动力是创新的话，那么陕西省装备制造业实现可持续发展的第一资源就是人才。虽然陕西省背靠着雄厚的高等教育资源，但陕西省装备制造业却存在着或多或少的专业人才供给不足问题。要想实现陕西省装备制造业可持续成长，使其得到"质"的提升，就应采取多方面措施，创造条件，培养人才、引进人才、留住人才。一是要培养人才。陕西省装备制造业应积极加强自身人才队伍建设，重点培养企业现有人才。具体可以通过组织员工定期参加各种类型专业培训，提高本企业员工专业知识和技术熟练程度。也可以通过与高等院校、科研机构合作的方式，为相关专业人才提供在职深造的机会。围绕陕西省装备制造业中如飞机制造、通信设备制造等这些重点行业领域，协同省内外知名高校适当调整课程和专业，强化人才的源头输出。二是在现有人才基础上，努力吸引人才。陕西省装备制造业企业可采用技术入股、提高薪酬、提供生活保障等相对灵活的人才引进策略，对于海归人才、高学历人才或重大装备研制中有突出贡献的人才，可以采取单独的薪酬条件，吸引并留住人才。三是加强后备人才队伍建设。后备人才队伍建设是陕西省装备制造业企业未来发展空间的重要决定因素，因此，在现有人才培养和吸收的基础上，需要加强后备人才队伍建设。企业应着重构建科学的专业人才培养体系，将年轻、业务素质好的骨干作为陕西省装备制造业的重要后备力量，积极为其创造和提供各种技能提高、深造的机会。此外，陕西省知名高校众多，装备制造相关专业的应届毕业生拥有较为扎实的理论基础，若能配合实践的磨炼，将会成为陕西省装备制造业企业创新研发的主要力量，所以陕西省装备制造业企业可以将其吸纳入企业，并进行重点技术培养，充实本企业的人才后备力量。四是陕西省装备制造业要积极完善和创新以相关政府部门和高等院校为主体的高层次人才培育模式，积极与高校或相关行业联合建立多种类型的智能制造实训基地，并定期组织本企业内的专业技术人才、基层员工到联合基地参加实习培训，以这种方式不断强化本行业员工的技能与实践操作。

8.3.5 优化产业结构

通过陕西省装备制造业可持续成长性评价以及成长性影响因素分析发现，陕西省装备制造业整体效率不高、创新能力不足，各细分行业间也存在着或多或少的差异。对于当前陕西省装备制造业来说，优化产业结构，更新完善生产能力，提升社会需求满意度是一项必要举措。产业结构优化可以起到资源配置的作用，使得陕西省装备制造业与资源供给结构、技术结构相适应，提高企业之间的协调能力，最终提高资源使用效率。根据陕西省装备制造业实际情况，可供采取的产业结构优化措施包括：

第一，突出发展相对重要行业和优势行业。通过对陕西省装备制造业现状及成长性评价的分析可知，陕西省金属制品业、电气机械和机器制造业的持续成长性最强，应该作为优先发展的重点行业，以起到对陕西省装备制造业整体带动的作用。七个细分行业中，交通运输设备制造业、电气机械和机器制造业的产值超过总产值50%，而交通运输设备制造业的成长性却不容乐观，因此，应当重点发展交通运输设备制造业，促使其成长能力提升。医药制造业和专用设备制造业属于近几年增速较快的行业，虽然目前没能占据市场主导地位，但相信拥有较好的发展前景，现阶段也应该重点支持。

第二，重点关注一般行业和处于劣势的行业。对于竞争力和优势上处于一般水平的行业，应遵从公平竞争的政策，营造公平、公正、透明的政策环境，助其实现优胜劣汰。对于竞争低、优势不足的行业，可以积极学习先进省份经验，结合各行业自身实际，争取实现追赶超越。

第三，积极培育大型核心企业。除了继续加大对现有龙头装备制造业的支持外，在各细分行业培育一批具有一定盈利能力的大型核心装备制造业企业集团。突出大型核心企业在各行业的带动作用，改变陕西省装备制造业部分行业现存的散且不精的局面。以大型核心企业为牵引力，实现陕西省装备制造业空间布局优化，提升产业集中度，最大化产业集聚效应，进而提升陕西省装备制造业竞争力和可持续成长性。

第四，把握产业转移的战略机遇，提振陕西省装备制造业。在当前国际产业及沿海产业向中西部转移的战略机遇下，积极主动承接国际及区际装备制造业转移，强化与转移产业的合作，无疑是顺应时代的举措。对于陕西省装备制造业来说，不仅可以起到优化本地产业结构的目的，还能促进技术、知识的沟通交流，带动本地装备制造业成长。陕西省在我国地图中处于中心位置，其自然资源丰富，且经过长期的发展形成了良好的工业产业基础。同时随着"一带一路"政策的落实推行，陕西省的交通网络发展呈现出更加完善的状态。陕西省逐渐成为另一个国家重要交通枢纽，在我国的战略地位也越来越重要。陕西省装备制造业充分利用这一优势，引进国家东部地区的人员密集型企业，也可以带动更多的产业技术型企业发展，同时还可以加强与国外"一带一路"沿线优秀企业的沟通与合作，促进多方经济共同发展。

第五，发展战略性新兴产业。信息化技术产业高速发展，并呈现出向其他产业蔓延的趋势，以生物医药、智能设备、能源开发等为代表的新兴技术开发产业正在全球引领着一股新的产业变革浪潮。传统的生产方式将会在很大程度上被新型的生产加工方式取代。战略性新兴产业，尤其是高端装备制造、新能源汽车、节能环保、新能源等新兴产业的发展对装备制造业的可持续发展具有非常重要的推动作用。这些新兴产业实质上是新技术与新兴产业的高度融合，需要以新技术为保障，但也能促进技术进步。同时，战略性新兴产业需要配套的工业体制机制改革，比如新能源利用的激励机制，节能环保产业的价格形成机制等，这些机制改革不但是当前国际工业发展的趋势，更是促进陕西省装备制造业产业结构优化，实现陕西省装备制造业可持续发展的保障。

第六，加快陕西省装备制造业的产权改革，促进其所有权结构多元化发展。在条件允许的情况下，逐步放开和取消政府对陕西省装备制造业垄断行业的保护和监管，以此来扭转部分国有控股装备制造业企业高投入低产出的状态。同时，将部分行业逐步向民营资本和外资资本开放，引进先进的管理经验和技术，逐步提高非公有制装备制造业企业的比重，促进陕西省装备制造业多元化发展，进而增强其市场竞争力。

8.3.6 推动陕西省装备制造业与生产性服务业的产业融合

国务院早在 2015 年出台的《中国制造 2025》中就对制造业和服务业的融合发展做出了重要指示。产业融合指的是不同产业或同一产业不同行业相互渗透、相互交叉，最终融合为一体，逐步形成新产业的动态发展过程。当前，产业融合已经成为产业发展的一种现实趋势。对于陕西省装备制造业来说，推动生产型业务与服务型融合，形成良性循环，将部分环节外包转移给生产性服务企业，既能得到专业服务，又能节约装备制造业企业的时间和精力，从而专注于自身竞争力的提升。为此，一方面，以装备制造业的生产制造为服务核心，为生产和制造提供诸如供应链管理、外包非核心业务等支持性服务，另一方面，以客户为中心来提供产品的相关服务，以及制造业企业间的沟通合作等服务。在推动产业融合发展过程中需要多方配合，具体包括：第一，加大对相关产业的支持，为省内装备制造业与服务业融合提供尽可能多的便利条件。类似工业设计、文化创业、管理和外包业务等服务业与装备制造业关联最大，且具有附加值高、能耗低、污染小等特点。因此，推动相关服务业与装备制造业的融合，尤其在《中国制造 2025》和"一带一路"倡议机遇下，具有非常广阔的发展前景。第二，在推动产业融合过程中，注意创新服务模式。可以结合陕西省装备制造业特点，开发不同层次的服务模式，比如装备制造业产品生产、运输、售后服务、保养、升级等方面的服务产业。同时，还要注重大型装备制造业生产型服务业对小型装备制造业的带动作用。第三，加大对服务业的创新支持力度，推动服务业对陕西省装备制造业的引领带动及主动融合，推动陕西省装备制造业与服务业的双向深度融合。为此，需要在推动陕西省装备制造业发展的同时，努力促进相关服务业的飞跃发展，缩小陕西省服务业与装备制造业的差距。第四，依托产业园区建设。产业园区建设不仅能够产生产业集聚效应，而且能够形成竞争性强的产业链。通过建立装备制造业产业园区的建设，促进"装备制造业+物流+跨境服务"的整体服务链，推动产业融合深入发展，最终促进陕西省装备制造业竞争力提升。第五，提升陕西省装备制造业与生产性服务业关键共性技术的自主创新水平。一方面，要以企业为主体开展关键共性技术研发，加快具有高技术、高附加值、高成长空间特征的新材料、新产品和新工艺的研发和应用，以及生产性服务行业要加快先进制造、智能制造的支撑软件的研发。另一方面，完善两大产业共生技术的创新成果转化应用。

8.3.7　分步骤分阶段式走出去战略

虽然陕西省装备制造业已达到一定规模，但是高端装备仍需从国外进口，无法自给自足。在当前发达国家装备制造业"高端回流"、发展中国家装备制造业"中低端分流"双重竞争存在的大环境格局下，陕西省装备制造业走出去之路异常艰辛，需要采取分阶段的模式。"一带一路"倡议的提出，为陕西省装备制造业提供了千载难逢的机遇。在此政策机遇下，可采用分阶段分步骤走出去的方式。

首先，鼓励有能力的中低端装备制造业承接装备制造跨国公司整机制造业务。虽然这种方式，对于陕西省装备制造业企业来说，可获得的产品附加值不高，但是自身投入较少，而且能够获得跨国公司的知识和技术溢出，有利于自身生产工业和制造水平的提升。因此，这种方式不失为一种企业走出去初期的最佳方式。其次，陕西省装备制造业可以将其在跨国公司学习到的技术和知识运用到本行业发展中，用于首先提升其在本地的价值链构建中。在陕西省范围内取得竞争优势的基础上，形成本地企业的集群优势。在国内市场相关产品或价值链取得相对竞争优势后，借助"一带一路"倡议，逐步进入周边国家市场。可以优先选择中亚地区等中端市场进行出口，原因在于这些国家的需求较大，且这些市场还未被发达国家完全占领，相对容易进入，贸易摩擦较小。最后，在中端市场成熟稳定基础上，逐步进入发达国家市场。通过这种分步骤分阶段方式，将"引进来"与"走出去"有机结合，既可以弥补装备制造业在本省的结构性失衡问题，也可以在减少与发达国家技术冲突、市场冲突的前提下，尽快实现价值链提升。

在推动陕西省装备制造业走出去的过程中，不能简单地理解为将产品卖出去，而是要将自己的优势产业加以推广，引入技术，进一步提升自我，实现与国际市场的有效合作。为此，政府相关主管部门需要积极筹划，与"一带一路"沿线国家加强沟通与交流，建立国家层面的双边或多边合作机制，协助本地装备制造业企业。具体包括：一是努力为已经走出去和即将走出去的装备制造业企业提供准确、丰富的政治、经济信息，并协助企业做好风险分析和判断；二是由政府出面，为走出去企业争取尽可能多的，诸如相关产品免税政策、海外优惠政策等；三是进一步简化相关行政程序。对于装备制造业企业走出去过程中涉及的项目审批、资料核查等程序尽可能简化，提高办事效率；四是积极引导各相关中介服务机构参与装备制造业企业走出去，使其在此过程中真正发挥支撑引领作用。可由政府有关部门出面组织，邀请各驻外商会和驻外机构参与组成一批专业化涉外中介组织，专门为本省装备制造业企业走出去提供专业的战略规划、信息咨询、知识产权和认证等服务。

参考文献

［1］Allan Li. Organizing for enterprise in China： What can we learn from the Chinese Micro， small， and medium enterprise development experience ［J］. Futures， 2003 （35）： 403-421.

［2］Alex Coad， Rekha Rao. Long range planning ［J］. Balanced Structures： Designing organizations for profitable growth， 2008， 41（5）： 483-505.

［3］Anderson R W. Financing and corporate growth under repeated moral hazard ［J］. Financial Internediation， 2011 （20）： 1-24.

［4］Audretsch D B， Dohse D. Location： A neglected determinant of firm growth ［J］. Review of World Economics， 2007 （1）： 79-107.

［5］Bruton G D， Filatotchev I， Chahine S， et al. Governance， ownership structure， and performance of IPO firms： The impact of different types of private equity investors and institutional environments ［J］. Strategic Management Journal， 2010 （5）： 223-244.

［6］Coase R H. The nature of the firm ［J］. Economic， 1937 （11）： 386-405.

［7］Smith A. The wealth of nations ［M］. England： Cambridge University Press， 1776.

［8］Cressy R， Farag H. Stairway to heaven or gateway to hell？ A competing risk analysis of delistings from Hong Kong's growth enterprise market ［J］. International Review of Financial Analysis， 2014 （2）： 53-62.

［9］ Cefis E, Ciccarelli M, Orsenigo L. Testing gibrat's legacy: A bayesian approach to study the growth of firm ［J］. Structural Change and Economic Dynamics, 2007（18）: 348-369.

［10］ Coad A, Rao R. Innovation and firm growth in high-tech sectors: A quantile regression approach ［J］. Research Policy, 2008（6）: 633-648.

［11］ Campello M J R, Graham, Harvey C R. The real ejects of fiancial constraints: Evidence from a financial crisis ［J］. Journal of Financial Economics, 2010（3）: 470-487.

［12］ Delmar F, Davidsson P, Gartner W B. Arriving at the high-growth firm ［J］. Journal of Business Venturing, 2003（18）: 189-192.

［13］ Farinas J C, Moreno L. Firms growth, size and age: A nonparametric approach ［J］. Review of Industrial Organization, 2000（3）: 249-265.

［14］ Fisman R, Svensson J. Are corruption and taxation really harmful to growth? Firm level evidence ［J］. Journal of Development Economics, 2007（1）: 63-75.

［15］ Fagiolo, Giorgio, Napoletano, Roventini. Are output growth-rate distributions fat-tailed? Some evidence from OECD countries ［J］. Journal of Applied Econometrics, 2008（5）: 639-669.

［16］ Franco, Haase H. Failure factors in small and medium-sized enterprises: Qualitative study from an attributional perspective ［J］. International Entrepreneurship and Management Journal, 2010（6）: 503-521.

［17］ Fursov V A, Lazareva N V, Solovieva I V, et al. Evaluation of performance of enterprise development strategy implementation ［J］. Journal of Advanced Research in Law and Economics, 2015, 6（1）: 79-87.

［18］ Ghosh B. The key success factors, distinctive capabilities, and strategic thrusts of top SMEs in Singapore ［J］. Journal of Business Research, 2001（51）: 209-221.

〔19〕 Kakati M. Success criteria in high-tech new ventures〔J〕. Technovation, 2003（23）: 447-457.

〔20〕 Kaplan Robert S, Anthony A. Advanced management accounting〔M〕. New Jersey: Prentice Hall Inc., 2015.

〔21〕 Marshall. Principles of economics〔M〕. London: Macmillan, 1890.

〔22〕 Prahalad C K, Hamel G. The core competence of the corporation〔J〕. Harvard Business Review, 1990（66）: 123-134.

〔23〕 Park K M, Jang S C. Firm growth patterns: Examining the associations with firm size and internationalization〔J〕. International Journal of Hospitality Management, 2009（19）: 1-10.

〔24〕 Phillips, Damon J. Organizational genealogies and the persistence of gender inequality: The case of silicon valley law firms〔J〕. Administrative Science Quarterly, 2009（50）: 440-472.

〔25〕 Ronald H Coase. The nature of the firm〔J〕. Economic, 1937: 386-405.

〔26〕 Vanhaverbeke W, Gilsing V, Beerkens B, et al. The role of alliance network redundancy in the creation of core and non-core technologies〔J〕. Journal of Management Studies, 2009（2）: 215-244.

〔27〕 Wagner S, Cockburn I. Patents and the survival of internet-related IPOs〔J〕. Research Policy, 2010（2）: 214-228.

〔28〕 Zhai E, Shi Y, Gregory M. The growth and capability development of electronics manufacturing service（EMS）companies〔J〕. Production Economics, 2007（107）: 1-19.

〔29〕 王亚玲. 西部高端装备制造业军民产学研协同创新研究——以陕西省为例〔J〕. 西安交通大学学报（社会科学版）, 2017（3）: 38-43.

〔30〕 万杰, 耿丽. 河北省装备制造业产业集中程度及布局策略研究〔J〕. 河北工业大学学报（社会科学版）, 2018（10）: 1-13.

[31] 缪大喜. 黑龙江高端装备制造业发展探析 [J]. 当代经济，2018 (9): 54-55.

[32] 李文浩，文启湘，吕靖烨. 陕西装备制造业应对欧美国家再工业化的对策 [J]. 技术与创新管理，2017 (3): 196-201.

[33] 王丽敏. 装备制造业与我国经济发展的灰色关联分析 [J]. 华东经济管理，2009 (1): 40-43.

[34] 唐晓华，李绍东. 中国装备制造业与经济增长实证研究 [J]. 中国工业经济，2010 (2): 7-36.

[35] 朱国娟，钟昌标. 装备制造业进出口与经济增长的实证分析 [J]. 世界经济情况，2007 (4): 64-67.

[36] 陈本炎，魏宇，官雨娴. 产业集群与经济增长——基于西部地区装备制造业集群的实证分析 [J]. 工业技术经济，2014 (7): 19-25.

[37] 邹华，孙健，孙金良. 装备制造业科技创新与技术升级耦合发展研究——以辽宁为例 [J]. 科技进步与对策，2014 (16): 76-79.

[38] 张会新，白嘉. 陕西省装备制造业技术创新要素贡献度分析 [J]. 科技管理研究，2015 (19): 47-51.

[39] 刘丁有，刘菊芹，马婷婷. 陕西省装备制造业竞争力分析评价 [J]. 开发研究，2016 (3): 128-132.

[40] 孙军娜，雷宏振，兰娟丽. 基于区位熵方法研究陕西省装备制造业集群竞争力 [J]. 渭南师范学院学报，2016 (12): 65-69.

[41] 周勇，吴海珍. 基于 DEA/AHP 模型的陕西省装备制造业可持续成长性的评价研究 [J]. 区域经济研究，2017 (2): 109-114.

[42] 高淑兰. 基于 DEA 的区域先进装备制造业创新能力评价研究 [J]. 科技经济导刊，2017 (14): 5-6.

[43] 刘海波. 辽宁省装备制造业核心竞争力分析 [J]. 中国管理信息化，2016 (1): 142.

[44] 徐经长，王胜海. 核心高管特征与公司成长性关系研究——基

于中国深沪两市上市公司数据的经验研究［J］. 经济理论与经济管理，2010（6）：58-65.

［45］崔璐，钟书华. 中国高技术企业成长性测度与评估［J］. 科学学与科学技术管理，2011（4）：92-97.

［46］杨高武，杜丽. 创业板上市公司成长性财务评价指标体系研究［J］. 经营管理者，2013（30）：236-237.

［47］李秀芹，林建华，高成亮. 企业成长性的财务评价［J］. 商场现代化，2009（1）：343.

［48］周志丹. 成长型高新技术企业的成长性评估研究——基于宁波市的实证分析［J］. 评价与管理，2010（7）：9-16.

［49］李角奇. 上市公司成长性分析［J］. 经济纵横，2011（10）：117-120.

［50］卢相君. 企业成长性评价方法研究——基于吉林省上市公司的实证检验［J］. 会计之友，2011（19）：4-7.

［51］周霞，宋清. 科技型企业成长性实证研究——基于财务的视角［J］. 财会通讯，2014（8）：46-47.

［52］马忠民，温倩倩. 碳税背景下装备制造业的高端化路径探析［J］. 学术理论，2016（12）：365-366.

［53］孙小燕. 基于创新网络的区域装备制造业升级路径与实现机制研究［D］. 哈尔滨：哈尔滨理工大学，2016.

［54］焦智博. 装备制造业协同创新网络结构演化与空间特征研究——黑龙江1985-2017年专利数据分析［J］. 科技进步与对策，2018（10）：1-10.

［55］张文杰. 基于路径分析的四川省装备制造业技术进步影响因素研究［D］. 重庆：重庆师范大学，2015.

［56］李羚. 沈阳装备制造业服务化转型及核心能力提升研究［D］. 沈阳：沈阳工业大学，2015.

［57］王灵. 我国高端装备制造业上市公司成长性评价［D］. 合肥：

安徽大学，2012.

[58] 姚慧琴. 我国西部地区制造业发展的困境及其振兴路径探析 [J].
西北大学学报 (哲学社会科学版)，2004 (6)：26-29.

[59] 张青山，徐伟. 我国装备制造业竞争力提升的途径 [J]. 管理科
学文摘，2004 (4)：60-61.

[60] 程竹生. 加快振兴我国装备制造业 [J]. 中国经贸导刊，2004
(12)：33-34.

[61] 孙伟. 我国 29 个省区市装备制造业聚类分析 [J]. 中国科技论
坛，2003 (6)：20-22.

[62] 刘佳，李宏林，张舒. 中国装备制造业市场结构：理论和实
证——基于产业集中度的探讨 [J]. 东北财经大学学报，2006 (2)：17-19.

[63] 唐格. 装备制造业企业核心竞争力评价指标体系构建 [J]. 东北
财经大学学报，2009 (4)：36-38.

[64] 赵红，王玲. 高端装备制造业产业链升级的路径选择 [J]. 沈阳
工业大学学报 (社会科学版)，2013 (2)：131-134.

[65] 刘洪民，杨艳东. 生产性服务业与制造业融合促进我国制造业
转型升级的战略思考——基于制造业价值链微笑曲线视角 [J]. 经济界，
2014 (6)：29-35.

[66] 刘伯超. 装备制造业与生产性服务业互动模式与发展路径研究
[J]. 价值工程，2015 (2)：21-22.

[67] 李相银，韩建安. 中国装备制造业区域竞争力比较 [J]. 经济纵
横，2003 (8)：7-12.

[68] 王玉，孙慧. 中国装备制造业竞争为非均衡性研究 [J]. 上海经
济研究，2004 (12)：6-14.

[69] 徐本双，原毅军. 大连市装备制造业竞争力研究 [J]. 科学技术
与工程，2005 (18)：1258-1263.

[70] 张洋，刘春芝. 辽宁装备制造业竞争力的比较分析 [J]. 辽宁大

学学报（哲学社会科学版），2006（2）：115-119.

[71] 刘川，全裕吉.中国装备制造业出口增长结构的差异分析［J］.改革与战略，2010（6）：142-144.

[72] 王章豹，孙陈.基于主成分分析的装备制造业行业技术创新能力评价研究［J］.工业技术经济，2008（1）：63-68.

[73] 郭长义.辽宁装备制造产业竞争力研究［D］.沈阳：辽宁大学，2009.

[74] 吕长江，金超，陈英.财务杠杆对公司成长性影响的实证研究［J］.财经问题研究，2006（2）：80-85.

[75] 张同建，蒲勇健.公平性偏好、知识资本开发与企业成长性的相关性研究——基于高科技中小风险企业样本数据的检验［J］.软科学，2011（2）：15-19.

[76] 王建文，何雪婷.控股股东累计净减持对公司成长性的影响研究［J］.商业会计，2014（2）：81-83.

[77] 生奕芳.现代制造企业成长性与多元化程度选择实证研究［J］.财政监督（财会版），2011（8）：49-51.

[78] 李可欣，王高亮.技术进步对辽宁装备制造业振兴的实证研究［J］.改革与开发，2018（16）：6-14.

[79] 陈晓红，马鸿烈.中小企业技术创新对成长性影响——科技型企业不同于非科技型企业［J］.科学学研究，2012（11）：1749-1760.

[80] 张琼芝.我国节能环保类上市公司成长性影响因素研究［D］.合肥：安徽大学，2013.

[81] 陈爱成.创业板上市公司成长性评价体系研究［J］.求索，2015（12）：69-74.

[82] 李海超，衷文蓉.我国区域创新系统中高新技术企业成长力评价研究［J］.科技进步与对策，2013（2）：130-133.

[83] 李鸿渐，夏婷婷.我国创业板上市公司成长能力影响因素的实

证研究 [J]. 财会研究，2013（2）：73-75.

[84] 许彦，刘群. 小微企业成长性评价研究——以天津装备制造业、电子行业调研为例 [J]. 天津大学学报，2016（2）：117-122.

[85] 张迎新，武兴华. 装备制造业产业安全政策作用机理研究——基于国家顶层设计视角 [J]. 科技管理研究，2017，37（20）：35-42.

[86] 吕洁印，史艳华，李大命，周受钦. 基于商务云平台的装备制造企业管理转型分析 [J]. 价值工程，2018（9）：104-106.

[87] 施红星，刘思峰，郭本海. 科技生产力流动与新兴产业成长问题研究 [J]. 科学学与科学技术管理，2009（12）：60-63.

[88] 桂黄宝. 战略性新兴产业成长动力机制分析 [J]. 科学管理研究，2012（3）：48-51.

[89] 向吉英. 产业成长的动力机制与产业成长模式 [J]. 学术论坛，2005（7）：49-53.

[90] 赵玉林，徐娟娟. 创新诱导主导性高技术产业成长的路径分析 [J]. 科学学与科学技术管理，2009（9）：123-129.

[91] 段升森，张玉明. 我国文化产业的生存状态和成长潜力 [J]. 东岳论丛，2011（9）：154-158.

[92] 苏启林. 破坏性技术、组织创新与产业成长预测 [J]. 中国工业经济，2006（11）：117-124.

[93] 杨来科，廖春. 论我国服务业的结构优化及重点行业选择——从产业关联度、成长性及就业吸纳力等方面谈起 [J]. 求是学刊，2004（1）：62-67.

[94] 李海超，衷文蓉. 我国 ICT 产业成长能力评价研究 [J]. 科学学与科学技术管理，2013（6）：119-125.

[95] 丁建军，朱群惠. 我国区域旅游产业发展潜力的时空差异研究 [J]. 旅游学刊，2012（2）：52-61.

[96] 袁晓玲，白天元，李勇. 主导工业产业效率下的经济可持续发

展潜力研究——以陕西省为例［J］.西安交通大学学报，2013（4）：21-27.

[97] 常丹，王金银.改进 AHP 主观性的 DEA/AHP 新模型［J］.价值工程，2004（9）：36-38.

[98] 晏华辉，崔晋川.基于 AHP 与 DEA 的多因素排序法［J］.系统工程学报，2004（5）：105-109.

[99] 郭毓东，徐亚纯，郝祖涛.基于 AHP 和熵值法的绿色物流发展指标权重研究———以长株潭两型社会城市群为例［J］.科技管理研究，2013（18）：57-62.

[100] 向吉英.产业成长及其阶段特征——基于“S”型曲线的分析［J］.学术论坛，2007（5）：89-93.

[101] 蔡红艳，阎庆民.产业结构调整与金融发展——来自中国的跨行业调查研究［J］.管理世界，2004（10）：85-90.

[102] 赵丽，孙林岩，刘杰.区域制造业可持续发展能力的评价体系构建及应用［J］.科技进步与对策，2009（9）：56-59.

[103] 李琳，杨婕，杨田.区域体育产业可持续发展评价指标体系研究［J］.北京体育大学学报，2010（9）：31-34.

[104] 王钰，张连城，张自然.对中国制造业可持续发展能力的评价及其影响因素分析［J］.哈尔滨商业大学学报（社会科学版），2015（1）：5-17.

[105] 李平，王钦，贺俊.中国制造业可持续发展指标体系构建及目标预测［J］.中国工业经济，2010（5）：7-17.

[106] 杨义蛟，尹望吾，谭青.装备制造业可持续发展的模糊综合评价［J］.制造业自动化，2009（7）：4-9.

[107] 茹少峰，田真.基于 DEA 模型的陕西省工业主导产业选择研究［J］.西北大学学报（哲学社会科学版），2009（2）：84-88.

[108] 李雷鸣，于跃，刘丙泉.基于 AHP-熵值法的青岛市产学研合作创新绩效评价研究［J］.科技管理研究，2014（1）：66-70.

[109] 周勇，吴海珍. 基于 DEA/AHP 模型的陕西省装备制造业可持续成长性的评价研究 [J]. 经济与管理评论，2017（2）：109-114.

[110] 谢立仁，陈俊美，张明亲. 基于生命周期理论的陕西省装备制造业演化轨迹的研究 [J]. 科技管理研究，2012（2）：75-77.

[111] 刘星，高名厚. 企业的成长力对其创新溢价的影响：来自创业板上市公司的经验证据 [J]. 价值工程，2017（1）：251.

[112] 王志瑛，侯亭羽. 基于财务视角的山西省高新技术企业成长性研究 [J]. 经营与管理，2020（4）：48-51.

[113] 李竹梅，范莉莉. 财务柔性、研发投入与企业成长性——基于生命周期理论 [J]. 会计之友，2020（7）：84-91.

[114] 许芳，余国新. 债务融资、环境不确定性与企业成长性——基于食品上市公司的实证研究 [J]. 上海立信会计金融学院学报，2018（3）：82.

[115] 行金玲，王一萌. 基于突变级数法的上市公司成长性评价 [J]. 西安工业大学学报，2020（1）：114-120.

[116] 王静，马然，宁卓妍. 欠发达地区创新型企业可持续成长动力机制构建研究——基于甘肃省的考量 [J]. 甘肃高师学报，2020，25（1）：100-105.

[117] 吴应宇，朱兆珍. 基于突变级数法的创业板上市公司成长态势研究 [J]. 东南大学学报（哲学社会科学版），2015，17（1）：49-57.

[118] 宋丽平，相郁. 基于 SEM 模型的科技企业控制权配置对企业成长性影响的路径分析 [J]. 科技与管理，2019（11）：1-8.

[119] 张继宏，栗勇，爨瑞. 科技型中小企业成长性评价研究——以山西省为例 [J]. 工业技术创新，2019（6）：63-69.

[120] 庞敏. 科技型中小微企业成长能力评价研究 [J]. 经济体制改革，2015（4）：123-128.

[121] 易蓉，安轶龙. 基于突变级数理论的企业成长性评价 [J]. 统计与决策，2014（19）：183-186.

［122］祝爱民，刘盈君，徐英杰. 创新型企业评价体系研究［J］. 科学学研究，2008（2）：578-582.

［123］郭玉明. 创新型企业发展影响因素实证研究——以河北省创新型企业为例［J］. 河北大学学报（哲学社会科学版），2013，38（6）：129-132.

［124］向刚，李兴宽，章胜平. 创新型企业评价指标体系研究［J］. 科技管理研究，2009（6）：122-124.

［125］彭维湘，卢千里，袁炎清等. 创新型企业的评价指标体系构建［J］. 统计与决策，2009（19）：175-177.

［126］王茂祥，李东. 创新型企业评价方法改进与创新能力提升路径探究［J］. 科技进步与对策，2014（15）：128-132.

［127］顾国爱. 企业科技创新对企业绩效的影响分析——中国创新型企业的实证研究［J］. 华东经济管理，2012（12）：114-116.

［128］宋英华，庄越，张乃平. 创新型企业成长的内部影响因素实证研究［J］. 科学学研究，2011，29（8）：1274-1280.

［129］梁益琳，张玉明. 基于仿生学的创新型中小企业高成长机制实证研究——来自中国中小上市公司的数据［J］. 经济经纬，2011，28（6）：92-96.

［130］陈凌. 欠发达地区创新型企业建设的初步探析［J］. 科学与管理，2010（3）：40-41.

［131］牛晓蒙. 欠发达地区创新型企业成长路径研究［D］. 哈尔滨：哈尔滨工程大学，2011.

［132］姜安印，刘博. 欠发达地区创新型企业成长模式和培育机制研究［J］. 攀登，2017，36（4）：49-56.

［133］曾国平，温贤江. 软环境对科技型小微企业成长性作用机理研究——以重庆微型企业孵化基地为例［J］. 科技进步与对策，2014，31（9）：106.

[134] 王彩云，徐怀伏. 企业股权集中度与成长性关系实证研究——以生物医药企业为例 [J]. 现代商业，2018 (19)：150.

[135] 谢赤，樊明雪，胡扬斌. 创新型企业成长性、企业价值及其关系研究 [J]. 湖南大学学报 (社会科学版)，2018，32 (5)：58.

[136] 赵忠伟，王萍，刘明瑶. 基于动态能力视角的高科技企业成长性评价 [J]. 科技管理研究，2016，36 (23)：74.

[137] 戴小勇，成力为. 研发投入强度对企业绩效影响的门槛效应研究 [J]. 科学学研究，2013，31 (11)：1708-1716.

[138] 项云帆. 研发强度对上市公司市场价值的门槛效应 [J]. 科技进步与对策，2015 (11)：83-86.

后　记

　　光阴似箭，岁月如梭！转眼间我完成了漫长的读研、读博之路，进入西安财经大学已有四年，经历了西安财经学院到西安财经大学的过程，也见证了这一辉煌时刻。如今，我在西安财经大学逐渐开展我的教学、研究工作。在这一过程中，我受到了诸多领导、同事、家人的关心和帮助，他们是我成长的动力。

　　感谢学校领导和同事在教学、科研方面给予我的极大支持和帮助。在我迷茫无助时，学校领导和诸多同事耐心开导，我们院系就像一个大家庭，其乐融融的氛围让我倍感温馨。当然，大家的优秀以及在各方面取得的成就都是时刻激励我前进的动力，也是我孜孜不倦追求科研进步的榜样。

　　感谢家人给予我的极大宽容，以及给予我工作上的极大支持。感恩父母的养育之恩，感谢先生的关怀与理解。我想对我先生说的是："我所取得的任何成绩，有我的一半，也有你的一半。"

　　在此，我还要特别感谢单位对本书的支持，本书的顺利出版还得益于西安财经大学的出版资助。

　　同时，本书还得到陕西省教育厅重点项目（项目号：19JZ033）的支持。

谭秀阁

2020 年 6 月 15 日